Ulrike Windsperger

Handbuch Permakultur

Ulrike Windsperger

Handbuch Permakultur

Klug planen und nachhaltig gärtnern

2., erweiterte Auflage

Inhalt

Vorwort

» Es gibt in der ganzen Natur keinen wichtigeren, keinen der Betrachtung würdigeren Gegenstand als den Boden.

FRÉDÉRIC ALBERT FALLOU, 1862

In der Natur zu sein und ihre Schönheiten zu erleben, war für mich von Kindheit an prägend. Die filigranen Formen von Blüten, der Duft, das alljährliche Wiederkehren und Aufblühen, die besondere Ästhetik von Pflanzen, Tieren oder auch Steinen haben mich schon immer ergriffen. Seit den 1980er-Jahren beschäftige ich mich mit Permakultur, sowohl in der Theorie als auch in der Praxis. Meine Diplomarbeit *Permakultur als pädagogisches Modell* zeigt die Verknüpfung der Bereiche Ökologie und Bildung. Beide Themen beinhalten, dass neues Wissen, kritische Gedanken und Verhaltensänderungen zu unserer gesamtgesellschaftlichen Situation dringend gefordert sind. Unser Bildungs- und Ökologieziel muss zukunftsorientiert sein. Dazu benötigen wir achtsame, verantwortungsvolle Kinder und einen ebensolchen Umgang mit Ressourcen und Natur. Permakultur und Bildung erfordern ein neues Verständnis von den Wechselwirkungen unseres Alltagshandelns und unserem Umgang mit der Natur in unserem Garten. Als Universitätsdozentin lehrte ich interdisziplinär Umweltbildung, Freizeitpädagogik, alternativen Tourismus und Kulturarbeit.

Seit über 20 Jahren halte ich Vorträge und Seminare zu allen relevanten Gartenthemen. Als Autorin schreibe ich regelmäßig für eine Gartenzeitung – auch kritische Beiträge über Glyphosat, TTIP oder Gentechnik, aber vor allem über Boden, Bienenpflanzen, Düngung oder Kompost. Als Kräuterpädagogin, Imkerin und Gartenplanerin führe ich Kräuterwanderungen und Wildkräuterkochkurse durch. Dabei ist es mir ein inneres Anliegen, auf die Qualitäten von Wildkräutern aufmerksam zu machen. Und auch darauf, dass ohne Bestäubung von Bienen und Insekten der Naturkreislauf und damit unsere Ernährung nicht mehr gesichert ist. Der Klimawandel wird sich auch in unserem Garten zeigen; nicht alle Pflanzen werden damit zurechtkommen. Mit der richtigen Bodenpflege lassen sich aber die meisten Probleme vermeiden.

Mein Ansatz in der Permakultur ist, dass wir uns die meiste Arbeit im Garten ersparen können. Der Weg hin zu einem Nichts-tun-Garten setzt allerdings Wissen voraus und erfordert neues Denken und Handeln im Sinne der Natur.

Gern möchte ich Sie in meinem Buch – wie auch in meinen Seminaren und Vorträgen – vertraut machen mit allem, was Permakultur ausmacht. Mein Wunsch ist es dabei, dass Sie ein Gespür und einen achtsamen Umgang für die schöne, aber gefährdete Natur entwickeln.

Ulrike Windsperger

Grenzen des Wachstums

1972 erreichte die Veröffentlichung des Club of Rome, *Die Grenzen des Wachstums*, eine bis dahin nie erreichte weltweite Resonanz. Die Beschreibung eines ökologischen Kollapses als Folge unseres ressourcenverbrauchenden und -zerstörenden Wirtschaftssystems rüttelte die Welt auf. Erstmals wurden die wichtigsten Zukunftsprobleme der Menschheit und des Planeten benannt. 1973 veröffentlichte dann Ernst Friedrich Schumacher sein Buch *Small is beautiful*, das eine Alternative zum herrschenden System anbot und noch immer Gültigkeit hat. Diese und weitere Bücher analysierten die globalen Probleme von der rasanten weltweiten Wüstenbildung einschließlich der lokalen Bodenzerstörung aufgrund von Monokultur und industrieller Landwirtschaft. Die *Agenda 21*, das Protokoll der ersten Weltumweltkonferenz von Rio erschien 1992 und präsentierte lokale und globale Handlungsoptionen. Darin werden alle relevanten Themen wie Ökologie, Boden, Energie- und Agrarpolitik, Ernährung, Wasserversorgung, Armutsbekämpfung, Bevölkerungspolitik, Bildung, Abwasser- und Abfallbeseitigung, Erhalt alter Sorten, aber auch soziale, gesundheitliche Fragen und die Ungleichverteilung von Ressourcen, Geld sowie Macht angesprochen.

Was ist Nachhaltigkeit? Nachhaltige Entwicklung heißt, Umweltgesichtspunkte gleichberechtigt mit sozialen und wirtschaftlichen Gesichtspunkten zu berücksichtigen. Zukunftsfähig wirtschaften bedeutet also: Wir müssen unseren Kindern und Enkelkindern ein intaktes ökologisches, soziales und ökonomisches Gefüge hinterlassen. Das eine ist ohne das andere nicht zu haben.
Rat für nachhaltige Entwicklung

Sonnenblumen richten ihre Blüten nach dem Sonnenverlauf aus. Die Anordnung der Einzelblüten im Inneren zeigt immer die Urform des Lebens, die Spirale. Sie bietet Pollen und Nektar für Bienen und Insekten.

Die Krise als Chance

Die Inhalte der Agenda 21 und ihre Umsetzung für eine ökologische und lebenswerte Umwelt für die nächsten Generationen treffen den Kern der Permakultur. Tatsächlich haben wir angesichts der sich häufenden Berichte über Umweltkatastrophen die Chance, den richtigen Weg zu gehen. Denn erst wenn wir alle erkennen, wie uns der „Boden unter den Füßen wegbricht“, werden wir mit erhöhter Sensibilität unsere Lebensgrundlagen achten und schützen lernen.

Mein Ziel ist es, dass Menschen (wieder) ein Gespür und einen achtsamen Umgang für die schöne, aber gefährdete Natur entwickeln. Wir sind zwar eine konsumorientierte Gesellschaft, doch müssen wir alle lernen, wie wir mit unseren Ressourcen schonender umgehen können. Erste Schritte lassen sich allein dadurch gehen, dass wir uns informieren, woher und zu welchem Preis Lebensmittel, Pflanzen oder Kleidung hergestellt werden. Wir sind Opfer und Täter zugleich im Spiel des Lebens – jedoch nur, wenn wir blind konsumieren und unser Tun nicht hinterfragen.

Haushaltsauflösungen, Flohmärkte und Wertstoffhöfe bieten kreativen GärtnerInnen wiederverwendbare Materialien für interessante Gestaltungen, die zudem kostengünstig sind.

Natur als Weg

Die Natur vermag uns den Weg zu einem anderen Bewusstsein ebnen: Wir können uns in die Natur und ihre Verletzlichkeit einfühlen und werden unser Handeln darauf abstellen. Permakultur antizipiert Lösungen und vermeidet dadurch Probleme. Unser Permakulturgarten soll autark sein, d. h. wir achten auf Energiekreisläufe und vermeiden Energieverschwendung. Weitere mir wichtige Stichworte sind: Wiederverwerten statt Wegwerfen, Erhalt alter Sorten und autochthoner, also heimischer Pflanzenarten, Verwenden von ungebeiztem und nicht von gentechnisch verändertem Saatgut, Mischkultur statt Monokultur, Bodenaufbau statt Bodenerosion, Wasserkreisläufe, Sonnenenergie, Verzicht auf Chemie und stattdessen Arbeiten mit der Natur.

Was ist Permakultur?

Der Begriff Permakultur kommt von *permanent agriculture* und bedeutet dauerhafte Landwirtschaft oder Landnutzung im Sinne eines nachhaltigen und sich selbst erhaltenden Gartens. Permakultur ist vor allem eine ganzheitliche Philosophie; nicht nur über den Garten, sondern auch über Ernährung, Gesundheit, Wohnen und alle anderen Lebensbereiche. Permakultur bedeutet das Verstehen und Handeln von natürlichen Prozessen und von der Vernetzung, den Wechselwirkungen in der Natur und auch unseres Tuns. Gemeint sind damit auch Stoff- und Energiekreisläufe, die sich in der Natur beobachten lassen.

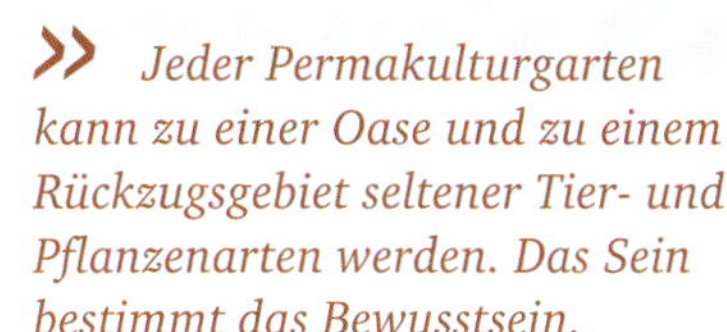

» *Jeder Permakulturgarten kann zu einer Oase und zu einem Rückzugsgebiet seltener Tier- und Pflanzenarten werden. Das Sein bestimmt das Bewusstsein.*

Verständnis für eine vernetzte Welt

Der Ursprung der Permakultur liegt bei den Aborigines, den Ureinwohnern Australiens. Der Begriff wurde 1975 von Bill Mollison geprägt. Bill Mollison stammt aus Tasmanien, ist Umweltpsychologe und hat 1981 den alternativen Nobelpreis erhalten. Ein weiterer bekannter Vertreter der Permakultur ist der Japaner Masanobu Fukuoka.

Vernetzung findet ober- und unterirdisch statt. Die Wurzeln der Bäume stehen im direkten Austausch mit den Wurzeln von Pilzgeflechten und bilden eine für uns nicht sichtbare Symbiose.

Artenvielfalt erhalten

Wichtig ist zu verstehen, dass in der Natur alles miteinander vernetzt ist. Der Prozess des Werdens und Vergehens, der in der Natur ständig ohne unser Zutun abläuft, findet zum Beispiel in einem Urwald perfekt statt. Alle Organismen – ob Pflanze oder Tier – sind aneinander angepasst und erhalten sich in ihrem Gleichgewicht. So etwa erfolgt die Bestäubung durch Insekten oder den Wind. Die Insekten wiederum leben von Pollen und Nektar der Blüten. Der eine hilft dem anderen. Dabei gilt: Je größer die Vielfalt in einem System wie beispielsweise dem Wald ist, umso größer ist auch die Stabilität. Für den Garten heißt das: Je mehr Pflanzen-, Sträucher- und Baumarten dort vorkommen, umso mehr Tierarten können existieren, die sich gegenseitig bedingen, ergänzen und gesund erhalten. Um eine größtmögliche Artenvielfalt zu errei-

Bill Mollison und sein Schüler David Holmgren entwickelten spezielle Prinzipien für den Umgang mit Lebensraum. Dazu gehören sowohl Gebäude als auch die Gartenflächen. Ihr erklärtes Ziel war die Selbstversorgung: Zuerst muss das Gelände nach Bedarf so strukturiert werden, dass die Grundlage für die Selbstversorgung geschaffen wird.

Ohne Honigbienen gäbe es kaum Obst und Gemüse. Nur Honigbienen sind „blütenstet", d. h. sie fliegen ausschließlich entweder Apfel-, Birnen-, Raps- oder Löwenzahnblüten an.

chen, sollen Früh- und Spätblüher von einjährigen oder mehrjährigen Pflanzenarten, Stauden, Sträuchern und Bäumen im Garten wachsen.

Manche sind nützlicher

Die Größe der Vernetzung ist ein Maßstab der Artenvielfalt. Zum Beispiel bietet der bei uns so beliebte Frühjahrsblüher Forsythie keinerlei Nutzen für Tiere, denn die Pflanze hat weder Pollen noch Nektar. Für Bienen und andere Insekten wären dagegen die Kornelkirsche, die Schlehe, die Salweide oder der Weißdorn von großem Nutzen. Die Schlehe bietet im Gegensatz zur Forsythie etwa 140 Tierarten eine Nahrungsquelle. Weiden bringen es auf über 200 Tierarten, die in, mit und von dem Gehölz leben.

» *Das meint Permakultur also mit Vernetzung, wenn eine größtmögliche Zahl von nützlichen Verbindungen entsteht und Lebensräume für unsere bedrohten heimischen Tier- und Pflanzenarten bestehen.*

Zusammenhänge erkennen

Zusätzlich sollten wir verstehen, dass das Miteinander unter und über dem Boden der verschiedensten Pflanzen- und Tierarten eine entscheidende Rolle spielt. Pflanzenwurzeln stehen mit den Pflanzentrieben in direktem Austausch. Die Wurzeln sind darüber „informiert", welche Mineralien oder anderen Stoffe die Triebe benötigen. Und umgekehrt geben die Triebe ihre Bedürfnisse und ihren Zustand an die Wurzeln weiter.

Haben Sie an einer Staude, einer Rose oder einem Baum immer wieder Blattläuse? Ich sehe darin eigentlich kein Problem. Warum? Blattläuse haben beispielsweise 37 tierische Gegenspieler, die nur auf ihren Einsatz warten. Ein schönes Beispiel: Meisen füttern ihre Jungen mit Blattläusen. Gäbe es keine Blattläuse, hätten die Meisen weniger Futter.

Blattläuse treten überwiegend im Frühjahr auf. Brennnessel-, Tabak- oder Seifenlauge schaffen Abhilfe und sind für Bienen und anderen Insekten unschädlich.

» Am Blattlausproblem lassen sich sowohl Zusammenhänge und Wechselwirkungen als auch Vernetzung studieren. In den meisten Fällen sind die Böden überdüngt.

Probleme vermeiden

Blattläuse an den immer gleichen Pflanzen weisen aber vor allem auf andere Probleme hin: Vielleicht haben Sie die falsche Sorte gewählt, womöglich nicht den richtigen Standort oder einfach zu viel gedüngt. Bei Überdüngung kann beispielsweise der Zelleninnendruck (Turgor) einer Pflanze zu stark werden. Gleichzeitig sind die Pflanzenzellen zu schnell gewachsen und halten diesem Druck nicht stand: Sie scheiden dann zuckrigen Pflanzensaft aus, der den Blattläusen Futter bietet. Überspitzt gesagt: Nicht die Blattlaus ist das Problem, sondern meistens der Mensch – also wir selbst. Und zugegebenermaßen gibt es auch Zeiten, in denen Blattläuse witterungsbedingt überhand nehmen. In keinem Fall sollten Insektizide gegen Blattläuse oder Ameisen gespritzt werden. Bedenken Sie: Damit werden auch Nützlinge getötet, denn Gifte sind auch für die Blattlausfeinde tödlich – also auch für Bienen. Versuchen Sie daher erst einmal, ob nicht ein scharfer Wasserstrahl reicht, um Blattläuse von der Pflanze zu vertreiben. Nach meinen langjährigen Erfahrungen reichen das Beobachten und das geduldige Warten, bis sich die Nützlinge von selbst einstellen, vollkommen aus, um das Problem gelöst zu bekommen.

Blattläuse repräsentieren hausgemachte Ursachen (Standort, Sortenwahl, schlechte Pflanzenqualität). Mein Rat: Sorgen Sie vor und stellen Sie zum Beispiel Vögeln ausreichend Nistkästen zur Verfügung. Dann hat die Blattlaus keine Chance – sofern sie nicht schon von weiteren Fressfeinden wie Marienkäfern, deren Larven, Schwebfliegen und anderen Insekten, die in einem naturnahen Garten vorkommen, verzehrt wurden.

Verwurzelter Gartenboden

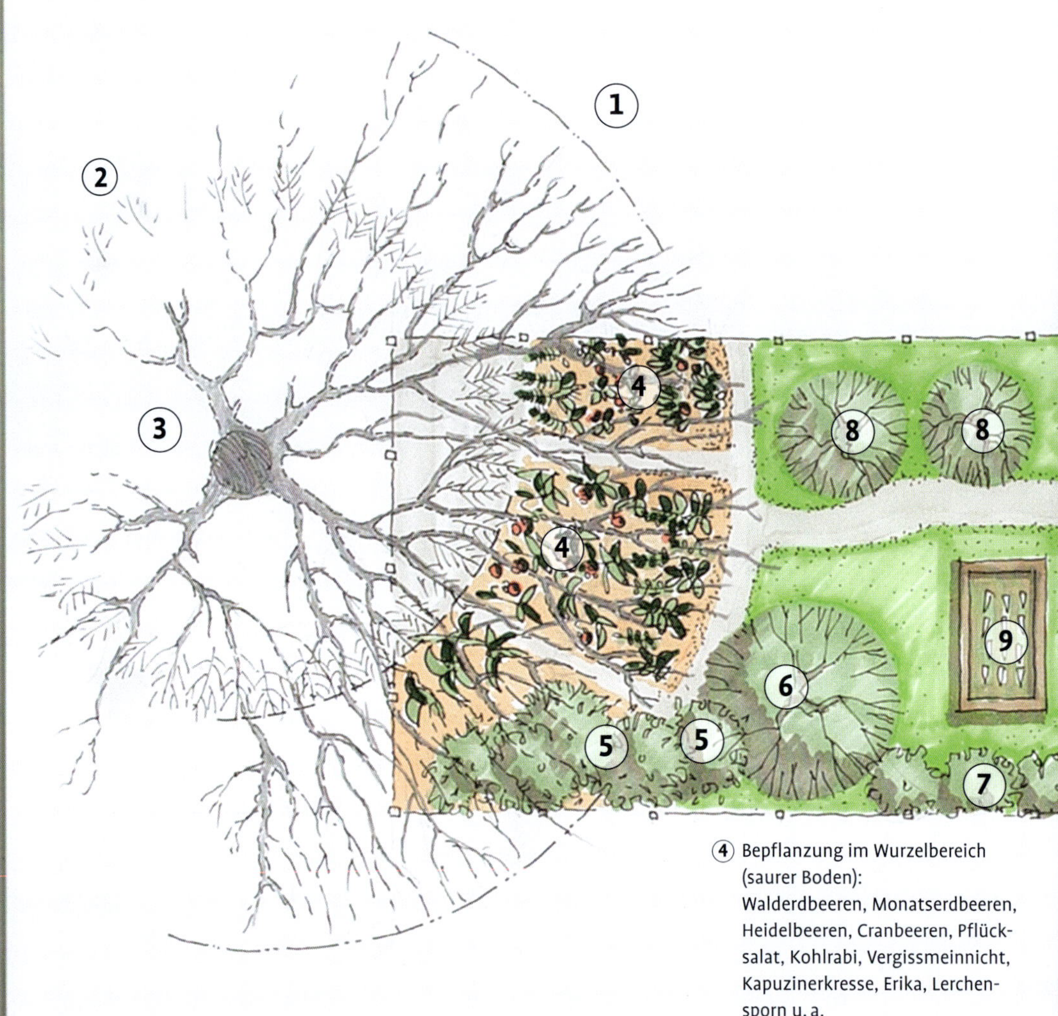

1 Kronenkreis
2 Wurzelkreis
3 Große Fichte auf Nachbargrundstück
4 Bepflanzung im Wurzelbereich (saurer Boden): Walderdbeeren, Monatserdbeeren, Heidelbeeren, Cranbeeren, Pflücksalat, Kohlrabi, Vergissmeinnicht, Kapuzinerkresse, Erika, Lerchensporn u. a.
5 Himbeeren, Brombeeren
6 Obstbaum
7 Stachelbeeren, Johannisbeeren
8 Spindelobst: Birne, Nektarine
9 Hochbeet: Gemüse, Mischkulturen

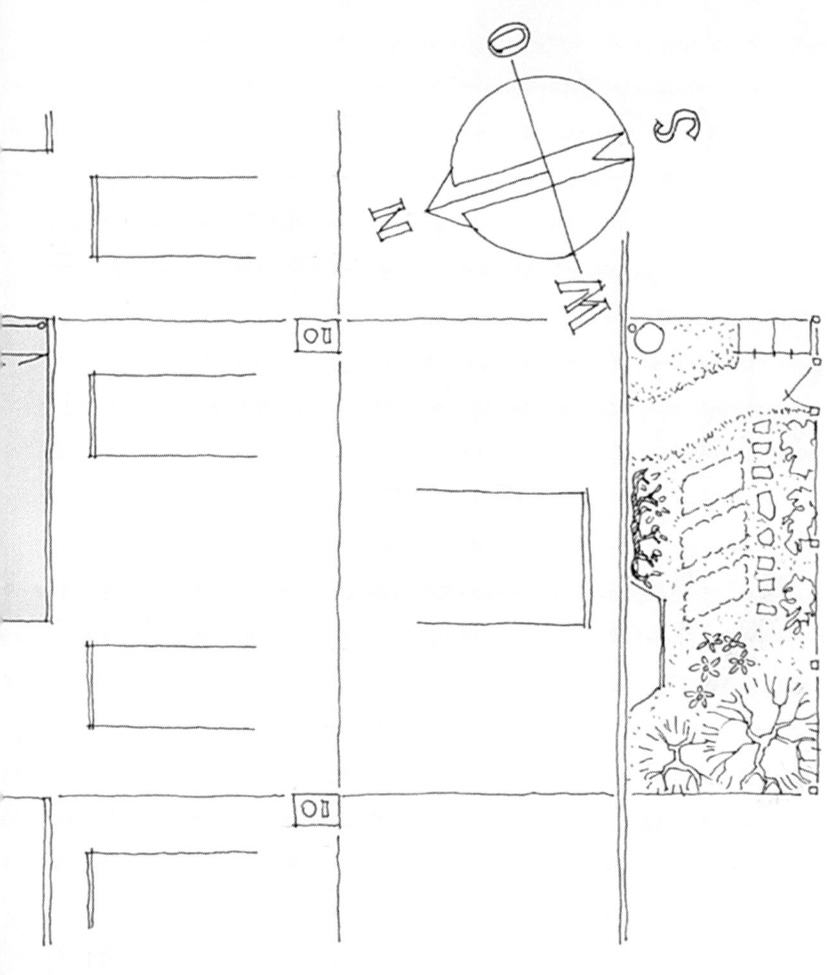
N
O
S
W

Elemente der Permakultur

Zusammengefasst geht es in der Permakultur um eine Bewirtschaftung von sich selbst entwickelnden Systemen nach dem Prinzip des Urwalds, in dem weder umgegraben, gegossen, gejätet, gedüngt wird. Solange wir Menschen nicht eingreifen, besteht in Urwäldern die größte Artenvielfalt. Artenvielfalt hält jedes ökologische System im Gleichgewicht.

Dies lässt sich ausgezeichnet auf jeden Permakulturgarten übertragen: Größte Aufgabe unseres Gärtnerns sollte die Erhöhung der Artenvielfalt und die Vermehrung von ein- und mehrjährigen Pflanzen sein. Für gefährdete Tier- und Pflanzenarten schaffen wir Lebensräume. Um Ressourcen zu sparen, verwende ich beispielsweise nur Materialien aus dem eigenen Garten, sei es Erde, Kompost oder Mulchmaterial. Somit benötige ich nur wenige Fremdressourcen.

Die Philosophie dahinter

Eine der wichtigsten Voraussetzungen, um Permakultur betreiben zu können, ist die persönliche Einstellung. Die Liebe zur Natur und die Akzeptanz und der Respekt zu allen Lebewesen und allen Pflanzen ist hierfür Voraussetzung. Unser Garten ist damit Spiegelbild unserer Vorlieben und Neigungen im Umgang mit der lebendigen Natur.

Unser Garten wird zum Lebensraum für Menschen, Tiere und Pflanzen. Allen Tieren und Pflanzen wird dabei ihr Existenzrecht zugestanden. Das bedeutet aber auch, dass in den Garten planvoll eingegriffen werden muss. Nehmen bestimmte Wildpflanzen überhand, werden sie „reguliert", aber nicht ausgerottet. Wichtig ist, jede Pflanze im Garten zu bestimmen und ihre Qualitäten zu erkennen, zu nutzen und in den Garten zu integrieren. Es lassen sich Tief- und Flachwurzler unterscheiden, Heilpflanzen finden oder aber Pflanzen entdecken, die Stickstoff, Kalk, Eisen oder Phosphor sammeln oder zur Bodenentgiftung beitragen. Jede Pflanze und jedes Tier hat nämlich im Naturgefüge eine spezielle Aufgabe – und dabei ergänzen sich Pflanzen und Tiere.

Ziel einer permakulturellen Planung ist die Erhaltung und schrittweise Optimierung, um ein sich selbst regulierendes System zu schaffen, das höchstens minimaler Eingriffe bedarf, um dauerhaft in einem dynamischen Gleichgewicht zu bleiben. Dabei stehen sich die Befriedigung kurzfristiger Bedürfnisse und die nachfolgender Generationen gleichwertig gegenüber. Das System soll stets produktiv und anpassbar bleiben.

» *Die Schweizerische Bundesverfassung kennt drei Schutzkonzepte für Pflanzen, unter anderem die Verpflichtung, im Umgang mit Pflanzen der Würde der Kreatur Rechnung zu tragen.*
Unter Kreatur werden Tiere, Pflanzen und andere Organismen beschrieben.

Linke Seite: In jedem Garten sollten Lebensräume für Insekten bereitgestellt werden. Nisthilfen benötigen ein Gitter als Schutz vor hungrigen Vögeln mit etwa 4 cm Abstand zu den Brutröhren. Aber Achtung: Fügen Sie weder Zapfen, Schneckenhäuser noch Ziegelsteine ein. Verwenden Sie auch kein Nadelholz, da die Holzsplitter die Flügel verletzen und das Harz die Brut schädigen könnte.

Bestandsaufnahme für die Natur

Permakultur beginnt mit umfangreicher Planung, mündet dann in aufeinander abgestimmte Arbeit und vermeidet überflüssige Aktionen. Aktionismus im Garten wird durch sinnvolle Arbeit ersetzt, die aber erst nach reiflichen Überlegungen geschieht. Vor dem eigenen Tun sollten Sie Ihren Garten anschauen und auf sich wirken lassen. Was wächst schon darin – und was entspricht vielleicht sogar schon den Permakultur-Grundsätzen? Wo gilt es Pflanzen zu stärken und zu fördern?

Delikatesse und Medizin in einem: Egal ob als Hollerkiacherl, Hollersaft oder -marmelade; Holunderblüten und -beeren helfen bei Grippe, Erkältung und Bronchitis.

Pflanzen gezielt fördern

Sie als Gartenbesitzer könnten zum Beispiel Ihren Bestand an Sträuchern kritisch betrachten. Wie viele heimische oder exotische Sträucher sind darunter, und welchen Tierarten bieten sie sowohl Schutz wie Nahrung? Schlehen, Hagebutten, Kornelkirschen, Weißdorn, Heckenrosen, Holunder und viele mehr sind nicht nur für Hunderte von verschiedenen Tierarten Lebensraum, sondern sie bieten gleichzeitig wunderbare Früchte, Blüten für Tees und Desserts – und zwar vom Frühjahr bis zum späten Herbst. Viele dieser Blüten, Früchte und Beeren haben darüber hinaus eine großartige Heilwirkung im Sinne der Volksmedizin.

Permakultur in der Praxis bedeutet daher, dass Sie dauerhafte, mehrjährige Kulturen wie Bäume, Sträucher und Stauden in Pflanzgemeinschaft mit einjährigen Kulturen anlegen, zum Beispiel mit Salaten, Gemüse wie Radies-

>> *Förderpflanzen bilden zusammen mit Kulturpflanzen eine wichtige Pflanzgemeinschaft, die unbedingt erhalten werden soll.*

chen, Kräutern, Blumen oder Beeren. Ziel ist es, dass sich der Garten mit seinen ein- und mehrjährigen Kulturen selbst erhält und sich als dauerhaft und stabil erweist.

Wildpflanzen im Garten

Wesentlich für einen Permakulturgarten ist, dass Wildpflanzen und Wildkräuter einen festen Platz darin finden. Alle Wildkräuter sind fast immer auch Heilkräuter, häufig essbar und sehr schmackhaft. Der Begriff „Unkraut" ist ein Unwort, das respektlos gegenüber Pflanzen ist. Jede Pflanze bereitet für andere Pflanzen den Boden vor. Erst wenn die Pflanze ihre Aufgabe erfüllt hat (zum Beispiel Bodenlockerung oder das Aufschließen von Mineralien), verschwindet sie nach einiger Zeit von selbst. Löwenzahn, Brennnessel, Klee, Malve etc. werden daher auch als sogenannte Förderpflanzen bezeichnet. Tiefwurzler wie Löwenzahn oder Ampfer lockern den Boden und holen aus tieferen Bodenschichten Mineralien, die sie in ihrer Umgebung über ihr Wurzelsystem wieder abgeben. Viele Pflanzen schließen somit für andere Pflanzen Mineralien auf, die sonst nicht genutzt werden könnten.

Löwenzahn ist eine unserer wichtigsten Heilpflanzen, vergleichbar mit dem Ginseng. Alles vom Löwenzahn ist essbar: Wurzel, Blüten, Blätter und Stiele.

Erst mal beobachten

Wenn Sie Ihren Garten genau beobachten, stellen Sie fest, dass immer wieder neue Pflanzen erscheinen – aber auch wieder von selbst verschwinden. Reißen Sie jede Wildpflanze sofort aus, ob Sie sie kennen oder nicht, unterbrechen Sie wichtige ökologische Abläufe, zum Beispiel für die Bodenharmonisierung oder das Aufschließen von Mineralstoffen. Das Bewusstsein und die Kenntnisse über Wildpflanzen sind häufig noch sehr gering. Und meist ist den jätenden Gartenbesitzern gar nicht bewusst, dass es sich dabei um Heilpflanzen handeln könnte, die im Garten und für den Boden eine bestimmte Aufgabe haben.

Vom Wünschen zum Handeln und Genießen

Gärtnern ist *in*. Immer mehr Menschen sehnen sich nach Blumen, Kräutern, gesundem Obst und Gemüse aus dem eigenen Garten. Da die Wünsche oft üppiger als die vorhandene Grundstücksgröße sind, bedarf es einer genauen Planung, verbunden mit dem Wissen über die Bedürfnisse und die Entwicklung von Pflanzen. Wie lassen sich also Wünsche nach einem naturnahen Garten realisieren – noch dazu mit einem möglichst geringen Arbeitsaufwand? Die Vorteile eines Permakulturgartens sind, dass er sich selbst erhalten kann und eine große Artenvielfalt aufweist. Der Garten soll individuell sein, ästhetischen und ökologischen Ansprüchen genügen und zugleich Raum zur Muße und Erholung bieten.

Wofür steht der Garten?

Selbstversorgung steht heute vor allem bei Stadtmenschen wieder hoch im Kurs. Wichtige Stichworte sind *urban gardening*, *transition town* oder auch die *solidarische Landwirtschaft*. Das Interesse an ökologischem Gärtnern, an Wildpflanzen und selbst an Schrebergärten ist erheblich gestiegen. Die Sehnsucht nach Gärten und zur Natur ist unübersehbar.

Sich selbst versorgen

Aber für jeden Menschen bedeutet der Garten etwas anderes. Vor vielen Jahrzehnten war der Garten noch lebenswichtig für die eigene Versorgung: Es gab kaum Gemüse oder Obst in den Läden zu kaufen und viele Menschen hatten auch gar nicht das Geld dafür. Heute ist das Bewusstsein für eine gesunde Ernährung weit verbreitet. Skandale über Spritzmittel und verbotene Inhaltsstoffe in Lebensmitteln haben unser Konsumverhalten verändert und unser Vertrauen in Herstellungsprozesse erschüttert. Das eigene ungespritzte Gemüse und Obst hat dadurch großen Stellenwert gewonnen.

Zu jeder Tages- und Jahreszeit lässt sich ein Garten aus unterschiedlichen Perspektiven betrachten und genießen. Ein idyllisches Plätzchen ist perfekt dafür.

Erholung finden

In der Nachkriegszeit waren Gärten auch die üblichen Urlaubsorte, vor allem allerdings, um dort zu gärtnern. Gartenbesuche gab es allenfalls für den Sonntagskaffee mit Verwandten. Sonst war der Garten ein Ort der Arbeit. Heute sind unsere Gärten ideale Orte für Feste und Grillpartys, sie bieten Raum für Bewegung und Kinderspielplätze.

Für viele von Ihnen ist der Garten eine Oase für Ruhe und Erholung. Hummeln und Schmetterlingen zuzusehen oder dem kleinen Bachlauf zu lauschen, führt zu einer unmittelbaren, echten Freude und hat eine positive und entspannende Wirkung auf Körper und Seele.

Linke Seite: Trendige Pflanzkisten bzw. eigentlich Bäckerkisten, die mit bunt gemischtem Gemüse bepflanzt wurden, finden beim urban gardening ihre neue Bestimmung.

Für sich sein können

Im Garten lassen sich individuelle Bedürfnisse leben, sei es in der Hängematte, sei es beim Säen, Ernten oder Einkochen von Beeren. Ebenso lässt sich hier herrlich entspannt ein Buch lesen – oder aber gar nichts tun.

Frauen, Männer und Kinder haben ihre eigenen Vorlieben und oft auch eigene Plätze, wo sie sich zurückziehen und für sich sein können.

» Jeder Garten ist anders, denn Sie als Gärtner haben Ihre eigenen Vorstellungen und Wünsche an Ihren grünen Platz. Überlegen Sie, welche Punkte Ihnen wichtig sind.

Erste Schritte gehen

Der erste Schritt zur Permakultur besteht im intensiven Beobachten des Gartens im Jahreslauf. Stellen Sie fest, was wächst wo und wie am besten – oder am schlechtesten. Wo ist es windig, schattig oder kalt? Wo sind trockene Stellen, welche „fremden“ Pflanzen siedeln sich an, und was sind das überhaupt für Pflanzen?

Entwicklungen beobachten

Diese Beobachtungsphase kann sich über ein Jahr erstrecken. Lassen Sie sich dazu Zeit: Ihr Garten wird Sie allein durch Ihre Beobachtung überraschen! Ständig erscheinen neue, unbekannte Pflanzen, die erst einmal bestimmt werden wollen. Frühjahrspflanzen wie Winterling, Knoblauchsrauke oder das Gartenschaumkraut sind nach der Blüte spätestens im Frühsommer wie vom Erdboden verschwunden. Dafür zeigen sich dann Schafgarbe, Braunelle, Günsel oder das Einjährige Berufkraut in der Wiese. An der Hauswand oder am Zaun gedeihen Schöllkraut, Nelkenwurz und Disteln. Unter den Sträuchern zeigen sich ab dem Frühjahr Lerchensporn, Anemonen, Giersch, Hahnenfuß oder Gundermann. Im Beet wachsen Vogelmiere, Ehrenpreis und Melde. Und im Hochsommer zeigen sich wieder andere Pflanzen.

Die Brennnessel ist die wichtigste Pflanze für den Garten. Sie ist vielseitig verwendbar, unverzichtbar für den biologischen Pflanzenschutz, zugleich Heilpflanze, Dünger und Futterpflanze für Schmetterlinge und darf in keinem Garten fehlen.

Schon während der kurzen Blütezeit der Krokusse und Winterlinge, wachsen andere Blüten zwischen der bunten Pracht der Frühblüher.

Zeigerpflanzen erkennen Die vorhandenen Wildpflanzen geben Ihnen gute Hinweise auf die Bodenqualität Ihres Gartens. Man spricht auch von Zeigerpflanzen: Vogelmiere wächst zum Beispiel auf humosem Boden, Brennnesseln sind Anzeichen für einen hohen Stickstoffgehalt und Hahnenfuß bevorzugt eher sauren Boden. Sie erkennen also allein am Vorkommen bestimmter Pflanzen, wo der Boden besonders fruchtbar, karg, basisch oder sauer ist.

» Allein durch Ihre Beobachtung erkennen Sie, dass Pflanzen sehr wohl eine Auswahl treffen, wo sie wachsen wollen und warum es einen „Sinn macht“, dass sie dort und nur dort wachsen.

Lebensräume schaffen

Denken Sie bei Ihren weiteren Überlegungen daran, dass Sie auch in bereits bestehenden Gärten ökologische und zugleich arbeitssparende Elemente vorsehen: Diese bieten zudem bedrohten Tieren wie Wildbienen oder Eidechsen ungestörten Lebensraum. Zum Beispiel können Sie eine *Wildfläche* für Tiere und Pflanzen planen, wo sowohl ein Totholzhaufen oder ein Steinhaufen Platz finden. Solche Ecken werden gerne von Hummeln, Wildbienen oder Eidechsen als Lebensraum angenommen. Eine sonnige Brennnesselecke und andere Wildpflanzen im Garten sind für Insekten lebenswichtig. Brennnesseln bieten etwa 70 Tierarten einen wichtigen Lebensraum – unter anderem legt das Tagpfauenauge dort seine Eier ab und verpuppt sich.

Wichtige Nichts-tun-Flächen

Vielleicht reduzieren Sie auch die arbeitsintensive Rasenfläche? Das Anlegen einer Wildblumenwiese mit maximal 2-maligem Mähen im Jahr ist ein wichtiger Beitrag zur Arbeitsreduzierung – und erspart Ihnen und Ihren Nachbarn den lästigen und wöchentlich wiederkehrenden Rasenmäherlärm. Wildblumenwiesen ersparen nicht nur viel Arbeit, sie sind darüber hinaus reizvoll. Und den einen oder anderen erinnern sie an die eigene Kindheit, in der die Wiesen noch voll waren von Margeriten, Lichtnelken, Glockenblumen, Nelken, Gewöhnliche Schafgarbe, Odermennig, Wiesenkerbel, wildem Löwenmaul, Akelei, Flockenblume und vielen anderen mehr. Es lohnt sich, wenigstens einen Teil des Gartens als eine Nichts-tun-Fläche für andere Tier- und Pflanzenarten zuzulassen. Freuen Sie sich darüber, wie viele Schmetterlingsarten, Libellen, Wildbienen und Hummeln sich wieder einstellen.

Alle Lippenblütler wie Salbei, Thymian, Rosmarin und Lavendel werden als üppige Nahrungstankstelle von Bienen und anderen Insekten heiß begehrt.

Wildblumenwiesen mit Margeriten, Glockenblumen, Akeleien, Färberkamille, Kuckuckslichtnelken, Wiesen-Salbei, Günsel oder Spitzwegerich werden mittlerweile bewundert, bestaunt und beneidet.

» Je nach Gartengröße planen Sie am besten ein Zehntel des Gartens für Ihre Wildfläche ein. Besonders Wildblumen bieten Bienen, Wildbienen, Hummeln und Schmetterlingen Pollen und Nektar.

Ein mit Fingerhut, Brennnessel, Königskerze, Andorn, Akelei, Storchschnabel und Waldmeister bepflanzter Steinhaufen dient Insekten, Eidechsen und Kröten als Wildfläche.

Mit der Planung beginnen

Nehmen Sie sich Zeit, Ihren Garten zu planen: Notieren Sie zunächst alle Gedanken und Wünsche – und haben Sie dabei keine „Schere im Kopf". Lassen Sie Ihrer Fantasie erst einmal freien Lauf. Dieser kreative Prozess macht nicht nur Spaß – es kommen dadurch auch völlig unerwartet neue Gedanken, Ideen und Wünsche zum Vorschein.

Ein Gartentagebuch führen

Ihre Ideen, Wünsche und Planungen sollten Sie unbedingt notieren. Legen Sie sich ein schönes Gartentagebuch an und schreiben Sie alle Gedanken nieder. Wenn Sie eine unbekannte Pflanze sehen, fragen Sie nach dem Namen, wo sie herkommt, ob sie für Bienen und Insekten nützlich ist, ob sie verzehrbare Beeren oder Früchte trägt oder ob sie eine Gift- oder Heilpflanze ist.

Skizzieren Sie, wie Ihr Garten aussehen könnte und sammeln Sie Ihre Ideen und Pläne. So können Sie jederzeit frühere Entwürfe mit den neuen vergleichen. Es geht dabei nicht um Ihre zeichnerischen Fähigkeiten, sondern dass Ihre Ideen Gestalt annehmen und sich weiterentwickeln. Auch professionelle Gartenplaner skizzieren viele Ideen scheinbar nutzlos. Doch erst daraus entwickelt sich dann ein in sich stimmiges, abgerundetes Konzept.

Fragen sammeln

Sie haben einen Garten übernommen, der üppig bewachsen oder sogar zugewachsen ist. In ihm sind viele Wildkräuter, die Sie nicht kennen? Vielleicht mögen Sie diese Wildnis, wissen aber nicht, was sie weiter damit anfangen können? Eventuell verunsichert Sie das dicht bewachsene Gelände und Sie trauen sich nicht, Hand anzulegen. Oder Ihr Grundstück ist so klein, dass Sie nicht wissen, was Sie dort anbauen können und welche Standorte günstig sind für Gemüse, Kräuter oder Blumen?

Legen Sie ein Gartentagebuch mit Ihren Ideen, Skizzen und Wünschen an. Dabei kommt es nicht auf Perfektion an, sondern darauf, dass nichts vergessen wird, was Ihnen wichtig ist.

Ein dicht zugewachsener Garten: Zu große und zu eng stehende Gehölze verschatten die ganze Fläche. Eine Neuplanung muss her, aber nicht ohne bestehende Pflanzen zu berücksichtigen.

In meinen Seminaren tauchen genau diese Fragen auf. Entweder sind Grundstücke zu klein, zu groß, zu schattig, zu bewachsen oder haben eine starke Hangneigung. Böden sind hart oder nass, vielleicht verschatten riesige Bäume auf dem Nachbargrundstück den eigenen Garten. Wo und wie beginnt man bei solchen Grundstücken mit der eigenen Planung? Es zeigt sich schnell, dass nicht unbedingt alle Gartenflächen bepflanzt werden müssen. Und bedenken Sie: Jeder Garten hat Entwicklungspotenzial. Sie können die Gartenfläche ruhig komplett planen – aber es müssen nicht alle Ideen gleichzeitig umgesetzt werden.

» Jedes Problem zeigt uns schon seine Lösungen auf – und die werden wir in den folgenden Kapiteln gemeinsam betrachten.

Wichtige Vorarbeiten

Gartentagebuch

Notieren Sie während des Jahres alle Beobachtungen über Ihren Garten. Es geht vor allem darum, eine Bestandsliste der Pflanzen und der bereits vorkommenden Tiere zu erstellen. An welcher Stelle zeigen welche Pflanzen welches Wachstum? Wo ist es besonders warm, sonnig oder windig? Wo ist der Boden trocken, sandig, lehmig oder nass? Was wächst an diesen Standorten gut – oder weniger gut? Beobachten Sie die Sonneneinstrahlung und den Sonnenstand während der verschiedenen Jahreszeiten.

Zeigerpflanzen

Der Blick auf die Vegetation verrät Ihnen bereits das Potenzial Ihres Gartens. Notieren Sie sich, an welchen Standorten im Garten bereits Wildpflanzen wachsen. Die vorhandenen Pflanzen zeigen Bodenqualitäten an: Gedeiht die Wegwarte, ist der Boden hart und verdichtet. Sie ist ein Tiefwurzler (Pfahlwurzler) und belüftet den Boden. Blüht hingegen der Natternkopf, so hat der Boden wenig Nährstoffe: Er kann auch sauer, basisch oder neutral sein. Die Vogelmiere wächst auf humosem, nährstoffreichen Boden, der Hahnenfuß bevorzugt eher sauren Boden. Achten Sie auf diese Zeigerpflanzen. Sie geben Hinweise darauf, wo der Boden humus- oder nitratreich, kalk- oder lehmhaltig ist. Sie erkennen jetzt also schon, wo Ihr Boden besonders fruchtbar oder besonders nährstoffarm, basisch oder sauer ist.

Wunschliste

Schreiben Sie während des gesamten Jahres eine Wunschliste. Welche Kräuter, Blumen, Stauden, Sträucher und Bäume hätten Sie gern im Garten? Vielleicht wollen Sie neben Gemüse auch Beerenobst anbauen? Notieren Sie, welche Wachstumsbedingungen Ihre Wunschpflanzen benötigen. Überprüfen Sie, ob die Pflanzen die Prinzipien der Permakultur erfüllen. Kurz gefasst heißt dies, ob sie für Tiere und andere Pflanzen weiteren Nutzen bringen.

Der Gute Heinrich ist als Gemüse verwendbar, denn die Wildpflanze besitzt viel Eisen und Vitamin C. Auch als Heil- und Färbepflanze lässt er sich einsetzen.

Prinzipien der Permakultur Jede Pflanze soll eine vielfach sinnvolle Verbindung zwischen allen Elementen erfüllen. Jedes Element soll wiederum von mehreren anderen Elementen unterstützt werden und selbst mehrere andere Elemente unterstützen.

Ein Element kann ein Strauch, Baum, Gehölz oder eine Staude sein. Jede größere Pflanze hat viele Wirkungen: Windschutz, Bodenschutz, Nahrung (Pollen und Nektar für Insekten, Früchte für Menschen und Tiere) und vieles mehr.

So haben Gehölze zunächst einmal eine Windschutzfunktion. Der einzelne Wildapfel bietet zudem Nektar und Pollen, später dann Früchte. Zugleich ist er Befruchter für viele andere Apfelbäume, er produziert Sauerstoff und bindet Kohlenstoff. Doch nicht nur das: Jedes Gehölz hat darüber hinaus weitere Eigenschaften. Die Wurzeln halten den Boden, weitere Pflanzenarten siedeln sich dort an und bilden eine Pflanzengemeinschaft. Dadurch wird die Artenvielfalt im Garten erhöht.

Nicht die Anzahl der Elemente – also zum Beispiel die Anzahl der Bäume – macht die Vielfalt eines stabilen Systems aus, sondern die Anzahl der sinnvollen Verbindungen unter den Elementen. Festzuhalten bleibt: Ob Strauch, Baum oder Staude – jedes System bringt positive Effekte für das Bodenleben, den Bodenaufbau oder die Pflanzenvielfalt.

Konkrete Planungen – Mustergärten

Für jede Planung ist es wichtig, erst einmal die Himmelsrichtungen zu bestimmen: Wo ist Norden, Osten, Süden und Westen? Nehmen Sie sich Zeit, um auf Ihrem Grundstück die Vegetation und den Sonnenverlauf zu beobachten und zu dokumentieren.

Verwenden Sie für Ihre Zeichnungen einen genauen Maßstab der Grundstücksgröße. Einige Mustermodelle für konkrete Gartensituationen sollen es Ihnen einfacher machen, das Prinzip Permakultur zu verstehen und in der Praxis auszuprobieren.

Der kleine Garten

Unser erstes Beispiel beschäftigt sich mit einem Kleinstgarten, wie er häufig in der Stadt vorkommt – dem kleinen Reihenmittelhausgarten einschließlich eines Vorgartens. Die Skizze auf Seite 44 sammelt erste Ideen, wie dieser Garten passend bepflanzt werden könnte.

Erste Bestandsaufnahme

Sie sehen einen Garten von 15 m Länge und 8 m Breite, auf dem sich bis auf einen Apfelbaum keine Bäume und Sträucher befinden. Als Nutzfläche für Gemüse & Co. stehen etwa 80 m^2 zur Verfügung. In den Sommermonaten steht die Sonne hoch. Der Schattenwurf des Hauses reicht über die nordseitig gelegene Terrasse hinaus. Die Sträucher des ostseitig gelegenen Nachbarn verursachen einen Schattenwurf am Vormittag. Steht die Sonne im Westen, verursacht sie einen Schatten des westseitigen Nachbarn.

Für wärmeliebende Pflanzen sind das entscheidende Faktoren, denn sie brauchen eine größtmögliche Sonneneinstrahlung. Für sie liegt der beste Platz mittig am Ende des Grundstücks. Zu bedenken ist weiterhin, dass vom südseitigen Grundstück im Falle hoher Bäume oder Sträucher Wurzeldruck besteht. Stehen dort zum Beispiel Fichten, breiten sich deren Wurzeln mehrere Meter in alle Richtungen aus. Sie erkennen dies an den oft sichtbaren Wurzeln, denn Fichten sind Flachwurzler, dem Moosbewuchs und kargem Wachstum auf diesen Flächen. Auch bei hohen Laubbäumen wie Buchen ist der Wurzelbereich mindestens so groß wie die Baumkrone.

Freistehende Spaliere sind raumsparend und ein schöner Sichtschutz. Außerdem lassen sich Früchte ohne große Mühe ernten.

Meine Empfehlungen

Gibt es hohen Wurzeldruck auf dem Gelände, empfiehlt es sich, Hügel- oder Hochbeete anzulegen. Die Wurzeln der Gemüsekulturen haben dann genügend eigenen Raum und werden nicht durch den Wurzelbereich der Nachbarpflanzen beeinflusst. Mehrjährige Stauden, Kräuter und Blumen können entweder entlang des Weges vom Haus zur Pergola, als Umrandung für das Beerenbeet, am Fuß der Hügelbeete oder unterhalb der Kletterrosen gepflanzt werden. Die Baumscheibe des Apfelbaumes, die mit einem Durchmesser von 2 bis 2,5 m grasfrei ist, kann für Salat, Radieschen und Ringelblumen genutzt werden. Die Kompostplätze liegen außerhalb des Wurzelbereichs vom Apfelbaum. Sie werden von den Nachbargehölzen und vom Apfelbaum beschattet.

Die Wegführung zu den Beeten kann mit Holzhäcksel erfolgen, die Sie ebenso für den Boden rund um die Hügelbeete und auch für den Weg vom Haus zur Pergola nutzen können. Plattenbeläge kosten Geld, Arbeit und sind für (kleine) Gärten letztlich unnötig, denn Ihr Garten sollte möglichst naturnah sein.

An später denken

Planen Sie bei der Gestaltung einen weiteren gemütlichen Sitzplatz mit Pergola ein, an der zum Beispiel Wein ranken kann. Dort können Sie die Abendsonne genießen. Wenn Sie diesen Platz mit Pergola nicht (sofort) bauen, können Sie ihn doch schon mit Stuhl und Tisch bestücken oder aber zwischenzeitlich als weitere Anbaufläche nutzen.

Bedenken Sie bei der Planung von Sträuchern und Bäumen aber immer, wie deren Schattenwurf im Tagesverlauf ist. Überlegen Sie auch, wie hoch die von Ihnen ausgewählten Pflanzen später noch werden können.

Im durchwurzelten Bereich unter Fichten gedeiht ein Heidebeet mit Erika, Calluna, Schneeheide, Preiselbeeren, Akelei, Azaleen, Alpenveilchen sowie verschiedenen Moosarten besonders gut.

Die dritte Dimension

Ist Ihre Wunschliste für die Selbstversorgung besonders üppig ausgefallen, müssen Sie sich Ungewöhnliches einfallen lassen. Speziell in kleinen Gärten lassen sich aufgrund des Schattenwurfes von hohen Bäumen oder Nachbargebäuden oft kaum Hügelbeete einplanen. Jetzt hilft nur noch das „in die Luft gehen".

Letztlich gilt für jeden auch noch so kleinen Garten: Er sollte nicht als ein einziger Raum schnell überschaubar sein. Verschiedene Gartenräume, die sich für den Betrachter nicht sofort erschließen lassen, geben ihm etwas Geheimnisvolles. Nur mit der dritten Dimension, der Vertikale, lässt sich das erreichen.

Auch diese Gestaltung muss vorher geplant und gezeichnet werden.

Vertikal denken

Apfel- oder Birnenspaliere in Freiaufstellung nehmen wenig Platz im Garten ein. Mit einem Spalier lässt sich der Kompostplatz verschönern oder tarnen. Auch mit Stangenbohnen, zu deren Füßen Bohnenkraut, Oregano, Ringelblumen oder Kapuzinerkresse wachsen, lässt sich ein Garten optimieren. Zuckererbsen lassen Sie am besten am sonnigen Zaun in enger Nachbarschaft mit Duftwicken emporranken. Süd- und Westseiten von Gartenhäuschen können Sie mit Spalieren von Obstgehölzen verschönern. Hochstämmchen von weißen, roten oder schwarzen Johannisbeeren und Stachelbeeren benötigen wenig Platz. Auch zu ihren Füßen lassen sich Flachwurzler wie Erdbeeren, Salate wie Postelein, Feldsalat, Portulak, Gundermann, Blumen und auch Heilkräuter anbauen. So können Sie den kleinen Raum durch geschicktes Miteinander optimieren und zugleich die Artenvielfalt erhöhen.

Besonderer Gartenzauber

Wenn in Ihrem Garten noch ein Baumstumpf einer Fichte oder Kiefer steht, können Sie diesen Raum ganz besonders nutzen. Sie müssen den Stumpf nicht entfernen. In der Permakultur wird stets versucht, aus den Gegebenheiten etwas Neues zu kreieren – mit möglichst geringem Aufwand und mithilfe weniger Ressourcen. In das saure Milieu des Wurzelbereichs bringen Sie etwas Erde auf – zum Beispiel vom Maulwurfshügel – und mischen diese mit etwas Kompost. Oder formen Sie dort mit Erde, Sand und Steinen ein besonderes Beet, das unterschiedliche Höhen und Tiefen aufweist. Säureliebende Pflanzen wie Walderdbeeren oder Monatserdbeeren gedeihen hier bestens.

Solche Flächen, die normalerweise als problematisch gesehen werden, lassen sich zu einem ganz besonderen Gartenraum umgestalten. Diverse Heidepflanzen, Heidelbeeren, Rhododendron und Azaleen, aber auch Wurmfarn, weißes oder rotes Alpenveilchen fühlen sich hier wohl und bieten Ihnen ein Rundum-Blüh- und Beerenpaket. Viele dieser Pflanzen, vor allem die Erika- und Callunaarten haben eine lange Blühdauer und bieten eine gute Bienenweide. Je nach Sorte blühen sie entweder im Herbst oder im Frühjahr.

Grundriss: der kleine Garten

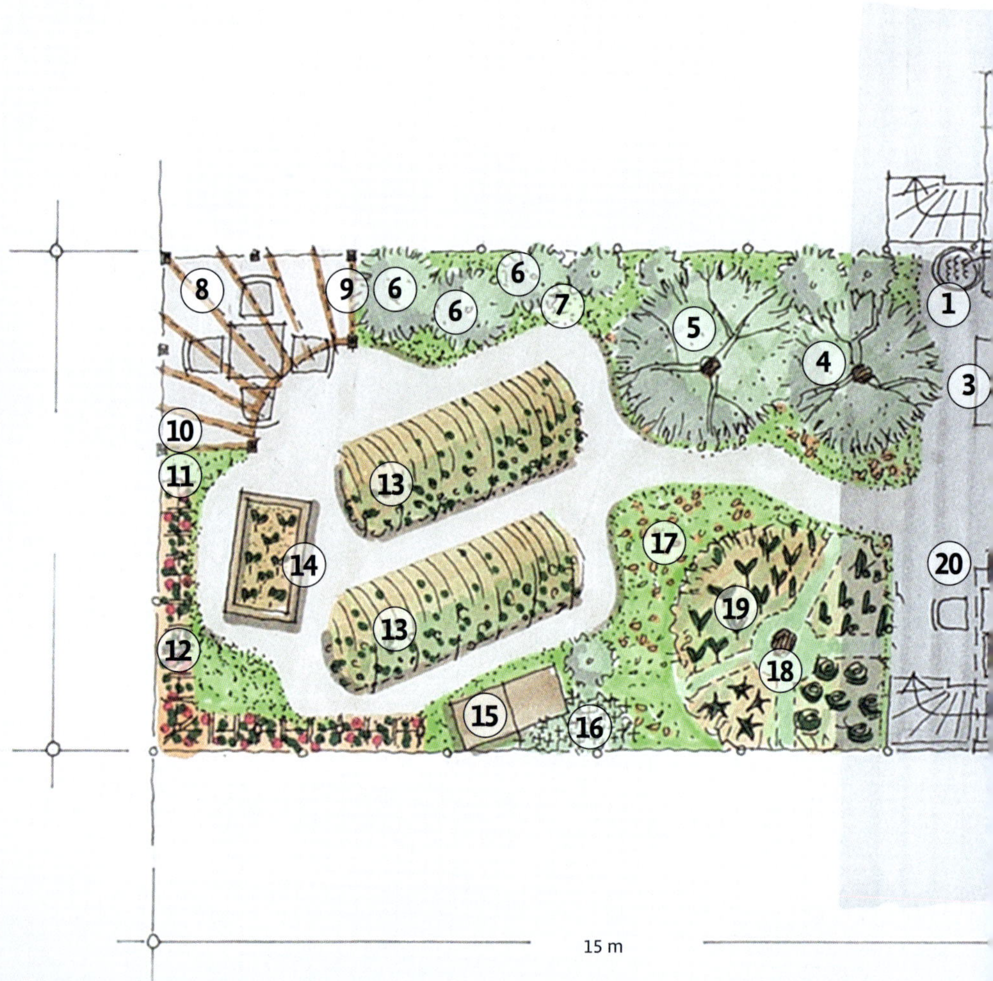

1. Regentonnen
2. Abstell- und Geräteschrank
3. Arbeitstisch
4. Zierapfel
5. Kornelkirsche
6. Beerensträucher, Hochstamm
7. Unterpflanzung Erdbeeren
8. Pergola mit Sitzplatz
9. Pergolabepflanzung Weißer Wein
10. Pergolabepflanzung Roter Wein
11. Eibisch und Berberitze
12. Klettergerüst mit verschiedenen Kletterrosen
13. Hügelbeete mit Gemüse wie Kürbis, Bohnen, Mais, Salat und Blumen
14. Hochbeet mit Gemüse un Blumen
15. Kompostplatz
16. Brennnesseln
17. Wildblumenwiese
18. Apfelbaum

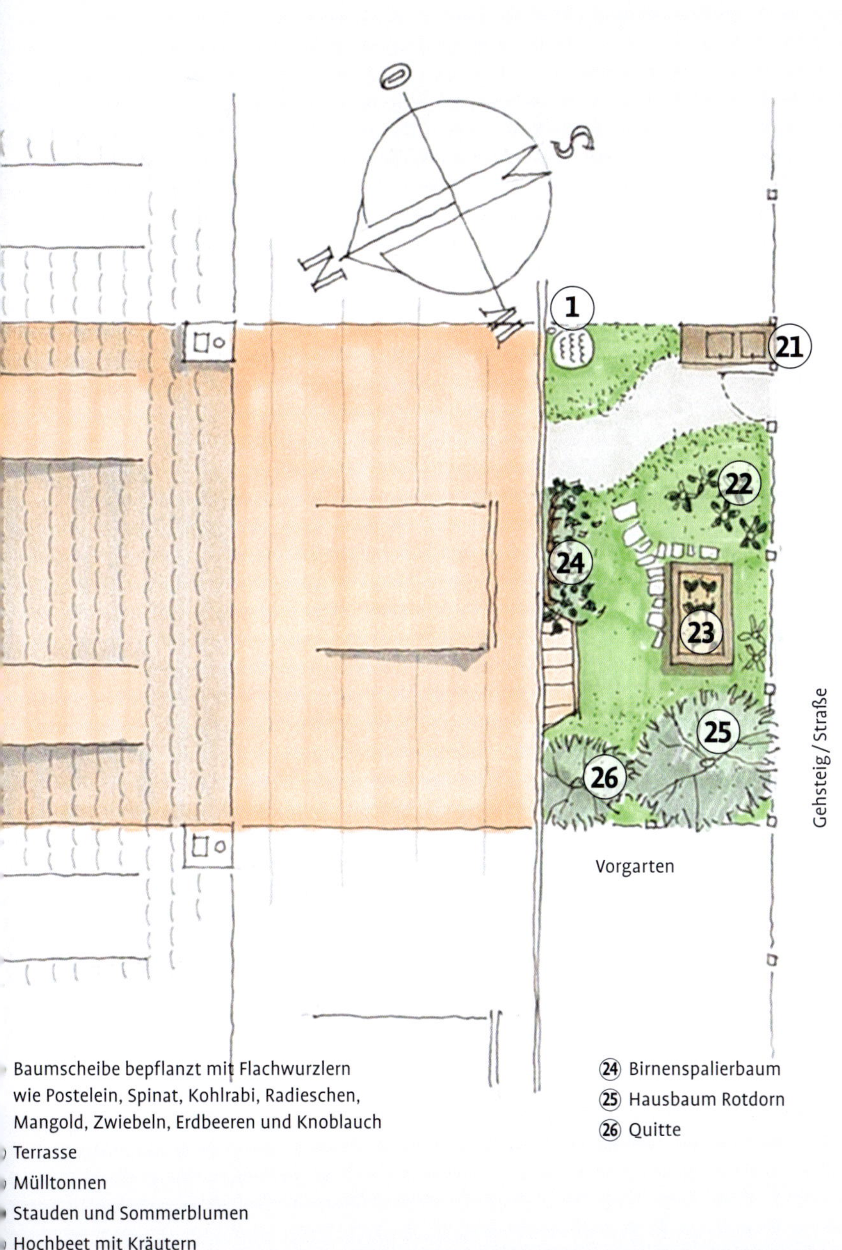

Baumscheibe bepflanzt mit Flachwurzlern wie Postelein, Spinat, Kohlrabi, Radieschen, Mangold, Zwiebeln, Erdbeeren und Knoblauch

Terrasse

Mülltonnen

Stauden und Sommerblumen

Hochbeet mit Kräutern

(24) Birnenspalierbaum

(25) Hausbaum Rotdorn

(26) Quitte

Ansicht: der kleine Garten

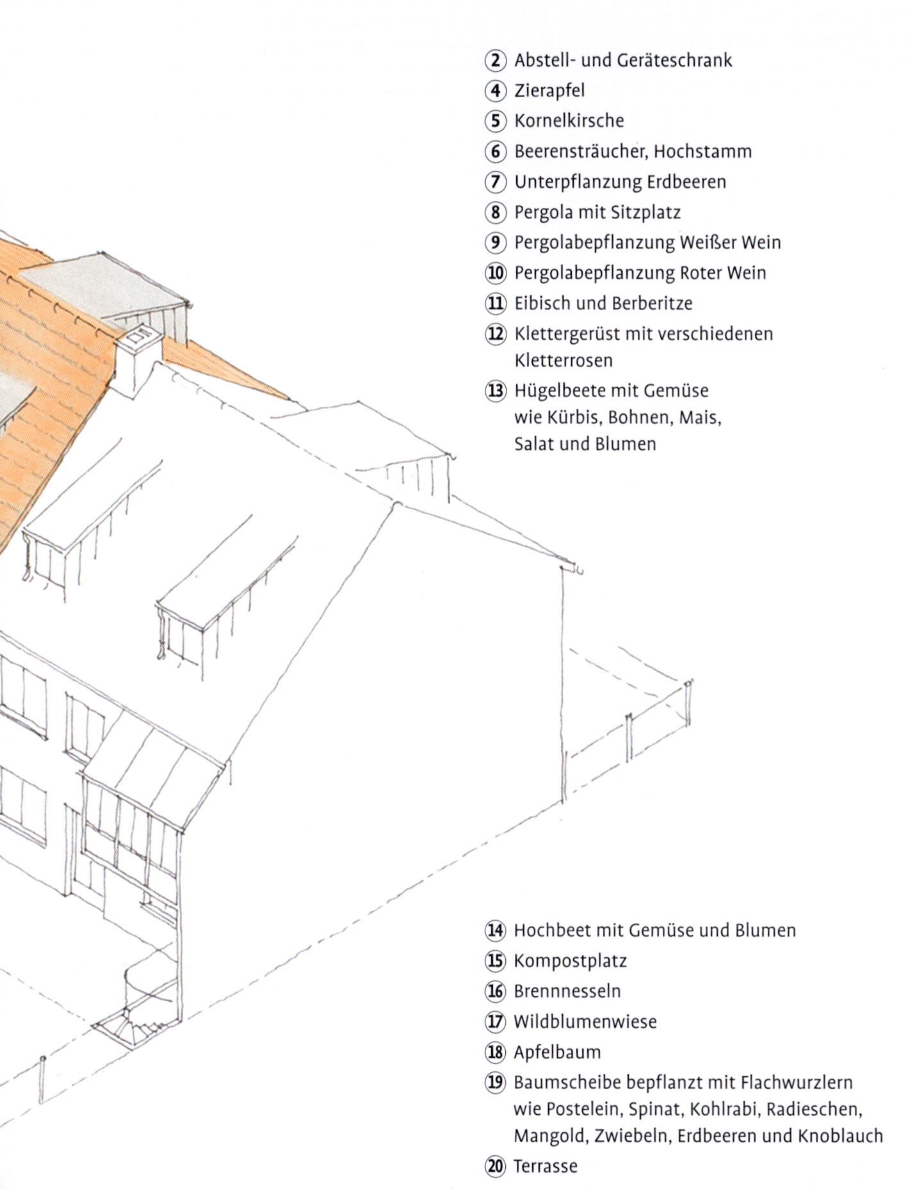

② Abstell- und Geräteschrank
④ Zierapfel
⑤ Kornelkirsche
⑥ Beerensträucher, Hochstamm
⑦ Unterpflanzung Erdbeeren
⑧ Pergola mit Sitzplatz
⑨ Pergolabepflanzung Weißer Wein
⑩ Pergolabepflanzung Roter Wein
⑪ Eibisch und Berberitze
⑫ Klettergerüst mit verschiedenen Kletterrosen
⑬ Hügelbeete mit Gemüse wie Kürbis, Bohnen, Mais, Salat und Blumen

⑭ Hochbeet mit Gemüse und Blumen
⑮ Kompostplatz
⑯ Brennnesseln
⑰ Wildblumenwiese
⑱ Apfelbaum
⑲ Baumscheibe bepflanzt mit Flachwurzlern wie Postelein, Spinat, Kohlrabi, Radieschen, Mangold, Zwiebeln, Erdbeeren und Knoblauch
⑳ Terrasse

Der verwunschene Garten

Unser Beispielgarten wurde lange nicht versorgt und ist mit Büschen und Bäumen dicht zugewachsen. Die Grundstücksfläche beträgt etwa 600 m² und bietet damit genug Platz für einen Gemüsegarten.

Erste Bestandsaufnahme

Als erstes sollten Sie eine genaue Bestandsaufnahme aller Pflanzen und Gehölze machen. In älteren Gärten finden sich häufig Obstbäume alter Sorten, die widerstandsfähig, standortangepasst und meist auch sehr schmackhaft sind. Solche wertvollen Obstgehölze sollten Sie nach Möglichkeit erhalten. Durch einen entsprechenden Rückschnitt können sie vor einer Vergreisung bewahrt werden. Solange ein Baum gesund ist, blüht und Früchte hat, sollten Sie ihn pflegen. Ich finde, es gibt kaum etwas Schöneres, als unter einem großen alten Apfelbaum zu sitzen.

Sollten sich dagegen Hartriegel oder andere wurzelausläuferbildende Pflanzen ausgebreitet haben, empfehle ich, diese besser mit allen Wurzeln zu entfernen. Auf nicht bewirtschafteten Grundstücken gedeihen auch gerne Ahorn, Buchen, Eichen, Weiden, Hasel und andere Baumarten. Diese schnell wachsenden Schösslinge sollten Sie ebenfalls mit ihren Wurzeln entfernen. Aus den abgeschnittenen Hartriegelzweigen lassen sich – zusammen mit Weide und Hasel – Beeteinfassungen flechten. So verfolgen Sie das Permkulturprinzip *Weiterverwendung statt Wegwerfen*. Wer ein Waldgrundstück hat, kann sie dort am Rand einpflanzen. Finden sich auf dem Grundstück noch Kulturpflanzen wie Phlox, Herbst-Astern, Kräuter und andere Stauden, können Sie diese gemäß Ihrer Gartenplanung versetzen.

Sehr ästhetisch und etwas Besonderes ist eine Rundum-Bank um einen großen Gartenbaum. Hier lässt sich der Garten in vollen Zügen genießen.

Meine Empfehlungen

Diese Gartengröße ist für die Selbstversorgung gut geeignet. Zudem bieten sich viele Vertikalflächen an. Die geschützte Ecke zwischen Carport und Haus eignet sich zum Beispiel für eine Aprikose und das Spalier am Carport für Weintrauben. Die geschützte Haussüdseite ist – da ebenfalls geschützt und warm – ideal für ein Spalier mit Pfirsichen. Die Hauswestseite kann als Spalierfläche für Birnen weitergeführt werden. Der südseitige Eingang von der Straße zum Haus ließe sich mit einem beidseitigen Apfelspalier gestalten, deren Äste zu einem Bogen zusammengeführt werden. Allein mit solchen Spalieren bekommen Sie einen vollwertigen Obstgarten.

Einen Hausbaum finden

Den südseitigen Bereich vor dem Haus könnten Sie für Ihren Hausbaum vorsehen. Ich denke hier an Robinie (*Robinia pseudoacacia*), Echte Mehlbeere *(Sorbus aria)*, Baumhasel (*Corylus colurna)*, Elsbeere (*Sorbus torminalis*), Speierling (*Sorbus domestica* L.), Rotdorn (*Crataegus laevigata* 'Paul's Scarlet') oder Trompetenbaum (*Catalpa bignonioides*). Ganz wichtig: Wählen Sie einen Baum aus, der Sie auch emotional anspricht – und so zu Ihrem ganz eigenen Hausbaum wird. Die genannten Bäume tragen nicht nur schöne Blätter und Blüten, sondern auch verwertbare Früchte. Bei der Auswahl müssen Sie auf jeden Fall beachten, wie hoch der Baum werden kann, und mögliche Verschattungen berücksichtigen.
An der Ost- und Westterrasse wachsen Duftsträucher wie Flieder, Felsenbirne, Weißdorn oder Eibisch und dazwischen Stauden, die vom Frühjahr bis Herbst blühen und gute Insektennahrung bieten.

Der Trompetenbaum (*Catalpa bignonioides*) trägt im Hochsommer wunderbar weiße Blüten. Bienen, Hummeln und Schmetterlinge besuchen ihn gern.

Wege zum Naschen

Den durch den Garten führenden Weg planen Sie als Naschweg ein – begleitet von verschiedenen Beerensorten als platzsparende Hochstämmchen. Diese betonen die Vertikale. Der Naschweg geht hier in einen Kräuter- und Blumenweg über. Er führt zum Gewächshaus, das in Nord-West-Richtung liegt und von Tomaten und Bohnen umpflanzt wird. Einige größere Gartenflächen sind für Wildblumen vorgesehen: Bienen, Hummeln wie auch Schmetterlinge finden hier ganzjährig Pollen und Nektar. Südseitig sehen Sie eine Wildfläche mit Totholz, Steinen und einem Tümpel, großzügig umrahmt von Stauden und Gehölzen, die Ihnen essbare Früchte bieten.

Grundriss: der verwunschene Garten

22 m

27 m

16 17 18 15 14 12 13 12 11 9 10 8

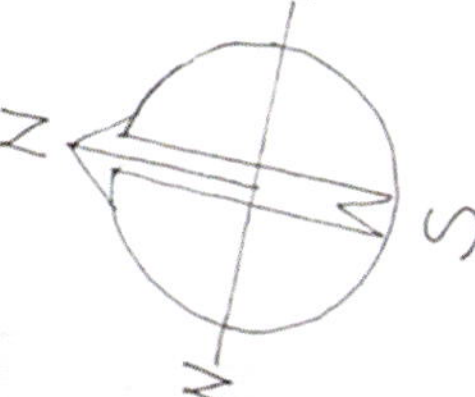

1. Apfelspalier als Eingangsbogen
2. Hausbaum Akazie
3. Naschweg mit Beeren-Hochstämmchen
4. Wildfläche mit Totholz, Steinen, Tümpel, Hecke und Brennnesseln
5. Hochbeet
6. Spalierbirnen
7. Gemüse und Blumen
8. Kräuterspirale
9. Gewächshaus
10. Tomaten unter Foliendach
11. Stangenbohen
12. Hügelbeet
13. Hochbeet
14. Wildblumenfläche
15. Sitzplatz
16. Pergola mit Glyzinie
17. Kompostplatz
18. Gehölze wie Eibisch, Weißdorn und Flieder
19. Gartenwerkzeug und Geräte
20. Carport mit Dachbegrünung
21. Weinspalier
22. Aprikose

Ansicht: der verwunschene Garten

21
1
2
3
3
3
4
5
6
7
8
O
S
W
N

Der Muster-Permakulturgarten

Die Zeichnung auf Seite 58 zeigt einen Selbstversorger-Permakulturgarten mit den wesentlichen und notwendigen Elementen. Was unterscheidet ihn aber von anderen Gärten? Er orientiert sich an der Natur, ihren Abläufen, ihren Zusammenhängen und Wechselwirkungen.

Erste Überlegungen

Planen wir einen Permakulturgarten, haben wir nicht nur unsere eigenen Interessen im Blick, sondern das Zusammenwirken aller Gartenelemente. Ein Permakulturgarten wird nach ganzheitlichen Gesichtspunkten gestaltet. Bei einem Neubau mit einer Neuanlage des Gartens kommen vielfältige Überlegungen zum Tragen. Zu denken wäre hier an die Cradle-to-Cradle-Vision bei einem Haus-Neubau, bei dem abfallfreie oder recycelte Materialien verwendet werden, die weder gesundheits- noch umweltschädlich sind. Außerdem die Ausrichtung des Hauses, verwendete Baumaterialien, Solarkollektoren, Anlehngewächshaus, Wassermanagement, Sonnenfalle, Artenvielfalt bei Bäumen und Gehölzen, Blumen sowie der sparsame Umgang mit Ressourcen.

Doch auch ein bereits bestehender Garten mit Haus lässt sich nach Permakultur-Gesichtspunkten umgestalten. Dazu werden wir nach einer umfangreichen Bestandsaufnahme den Garten durch eine etwa einjährige Beobachtungszeit verstehen lernen. Vor dem Handeln

Ein Totholzbaum mit Höhle, aus der die Jungvögel des Schwarzspechtes herausschauen und gefüttert werden. Eine solche Beobachtung im eigenen Garten ist ein echter Glücksfall.

konkretisieren wir die Wunschliste sowohl für die Auswahl und den Anbau von ein- und mehrjährigen Pflanzen.

Aber es müssen nicht gleich alle Flächen im Garten sofort nach Permakulturprinzipien umgestellt und bewirtschaftet werden. Jeder Garten unterliegt einem ständigen Veränderungsprozess. Alle unsere Aktivitäten und Arbeiten wirken stark in diesen Prozess hinein.

Berberitzenfrüchte ergeben eine säuerliche Marmelade. Sie können auch gedörrt bzw. als Trockenfrüchte verwendet werden. Schmackhaft und gesund sind sie in jedem Fall.

Meine Empfehlungen

Mehr Wissen und Lernen um die einzelnen Pflanzen, ihre Bedürfnisse und andere Naturzusammenhänge erspart uns viel Arbeit. Mehr Zulassen, weniger Eingreifen und mehr Wildnis sind im Sinne der Natur. Ohne dieses Wissen und eine positive Einstellung zu allen Lebewesen lässt sich keine Permakultur umsetzen. Das Soziale und Philosophische zeigt sich im Umgang mit Pflanzen, vor allem mit Wildkräutern.

Deshalb mein Wunsch an Sie: Bevor Sie vorhandene Pflanzen und Gehölze entfernen, sollten Sie sie erst bestimmen und auf ihre Multifunktionalität überprüfen. Vielleicht lässt sich der eine oder andere Baum oder Strauch als Kletterhilfe für Hopfen, eine schöne Ramblerrose oder für Bohnen verwenden. Oder er kann Vögeln und Eichhörnchen Nisthöhlen bieten.

Wichtiges Beobachten

Beobachten ist unser erster Planungsschritt: Boden, Klima, Wind, Sonnenstand, Schattenlagen, Wachstumsverhältnisse. Wir bestimmen und notieren alle vorhandenen Pflanzenarten, Gehölze, Bäume und deren Nutzen für den Boden, die Pflanzen, die Tiere und den Menschen. Auch die weitere Auswahl von Blumen, Kräutern, Stauden und Gehölzen entscheidet sich an der Multifunktionalität einer Pflanze: Welche Insekten, Vögel, Wirbeltiere leben von und mit der Pflanze, ist die Pflanze ein Tief- oder Flachwurzler, welche Mineralien kann sie sammeln, welche Wirkung hat sie für den Boden und wie können Früchte, Laub und Holz verwendet werden?

Gute Planung

Eine weitgehend unbearbeitete Wildfläche hilft Eidechsen, Kröten und vielen Insektenarten. Neben nützlichen Ecken für Kompost & Co. vergessen Sie aber auch die harmonischen Ruhe- und Erholungsräume nicht. Verschiedene Beetformen wie Hügel- und Hochbeete, auch eine Sonnenfalle oder ein Teich bieten unterschiedlichen Pflanzen gute Standorte. Eingeplant sind eine geschickte Wegeführung zu häufig besuchten Orten wie dem schattigem Kompostplatz – nahe am Haus – und die sonnenliebenden Plätze für Kräuter, Gemüse und Blumen.

Wenig Arbeit – viel Nutzen

Nach einer ersten Bestandsaufnahme werden Sie entdecken, welche Gehölze im Sinne der Permakultur wertvoll sind, wie zum Beispiel die Felsenbirne – oder „wertlos“, wie etwa die Forsythie. Frühblüher wie Apfelbeere (*Aronia*), Weißdorn, Kornelkirsche, Felsenbirne, spätere Frühjahrsblüher wie Berberitze oder Eberesche, aber auch Kern- und Steinobst wie Mispel oder Maulbeere bieten Nektar und Pollen für Insekten, bieten Lebensräume für Vögel – und die Früchte teilen wir mit Tieren. All diese Bäume und Sträucher benötigen zudem nur selten einen Rückschnitt und machen daher kaum Arbeit.

Die Größe des Gemüsebeetes orientiert sich am Grad Ihres Selbstversorgungswunsches und der Zeit, die Sie dafür aufbringen wollen. Ein Tipp: Das Beet sollte erweiterungsfähig sein. Beginnen Sie mit einer kleineren Fläche und notieren oder zeichnen Sie genau auf, was Sie wo angebaut haben, damit Sie im nächsten Jahr den Platz wechseln können. Notieren Sie auch, wie viel Sie ernten und wo es Schwierigkeiten mit einem Gemüse oder dem Standort gab.

Tausendsassa-Pflanze Entscheiden Sie nach der Multifunktionalität, welche Pflanzen Ihren Garten bereichern sollen. Das Wissen um die Qualitäten der Pflanzen hilft uns in unserem Permakulturgarten. Säen wir z. B. Ringelblumen als Beeteinfassung oder zwischen das Gemüse, bewirken wir viele Dinge damit:

- Insekten können Pollen und Nektar sammeln.
- Ringelblumen wirken hervorragend zur Nacktschneckenabwehr.
- Ringelblumen strukturieren das Bodenleben, ihre Wurzeln haben positive Wirkstoffe.
- Ihre Blütenblätter enthalten viele Carotinoide und sind eine gute Salatbeigabe.
- Die Heilwirkung der Ringelblume wird z. B. in der Ringelblumensalbe genutzt.

» Ein Permakulturgarten verbindet altes und neues Gartenwissen. Traditionelle Praktiken wie den Anbau in Mischkultur und die Kompostierung sollten Sie sich ebenfalls aneignen.

Rechte Seite: Aus den Früchten der zeitig blühenden Kornelkirsche lassen sich vitaminreiche Marmelade und intensiv fruchtig schmeckender Schnaps oder Likör herstellen.

Ansicht: der Muster-Permakulturgarten

1. Teich
2. Terrasse/Sitzplatz
3. Apfelbäume
4. Wildblumenwiese
5. Hochbeete
6. Anlehngewächshaus
7. Solaranlage
8. Kräuterspirale
9. Hügelbeete
10. Gründach
11. Kompost
12. Totholzhaufen
13. Bienen
14. Nistkästen
15. Sonnenfalle:
    Vogelbeere, Wildapfel, Schlehe, Flieder, Weißdorn, Quitte, Kirsche, Holunder, Kornelkirsche, Heckenrosen, Hamamelis
16. Beerensträucher:
    Himbeere, Johannisbeere, Stachelbeere
17. Pergola:
    Berankung Wein/Kiwi
18. Spalierobst
19. Beerensträucher

15
14
9
9
16
13
12
11
7
6
8
17
2
5
18
19
4
3
N

Gestaltungselemente der Permakultur

Die Grundstücksgröße, Ihre Vorlieben oder auch Ihre Kreativität sind bestimmend für die gesamte Gartengestaltung, einschließlich der Beetformen. Die Natur selbst kennt keine Beete und auch keine geraden Linien. Sie zeigt uns aber, dass es Randzonen, Lichtungen oder Sonnenfallen gibt. Klassische, strenge Beetformen dagegen stammen aus der Tradition von Klöstern. Im Folgenden lernen Sie wichtige Gestaltungselemente der Permakultur kennen – wie zum Beispiel Kräuterspiralen, Wildfruchthecken, Trockenmauern, Totholzhaufen oder kleine Wassergärten, die Sie ideal auch in Ihren eigenen Garten integrieren können.

Verschiedene Beetformen

Die Permakultur arbeitet mit verschiedenen Beetformen – jeweils stimmig ausgewählt für den Standort im Garten. Je kleiner ein Garten ist, umso eher eignen sich zum Beispiel Hügelbeete. Mit ihnen erhält man etwa um ein Drittel mehr Anbaufläche als mit einem normalen Gartenbeet.

Für jeden etwas dabei

Hochbeete (siehe Seite 74) sind ideal, wenn umstehende Bäume hohen Wurzeldruck mit sich bringen oder der Garten in großen Teilen sehr verschattet ist. Hochbeete lassen sich auch für die Gartengestaltung einsetzen, um Räume im Garten zu schaffen.

In sehr großen Gärten lassen sich durch Vertiefungen wärmeliebende Pflanzen vor starken Winden schützen. Dieses Verfahren hat zum Beispiel auf Lanzarote Tradition. Im Kraterbeet (siehe Seite 64) wird Wärme und Feuchtigkeit gespeichert. Bei weiten, offenen und windigen Flächen eignet sich diese Anbauform zum Beispiel für wärmeliebende Pflanzen wie Mais, Getreide, Artischocken, Kürbis und mediterrane Kräuter wie Thymian, Ysop und Rosmarin. Als Einfassung dienen Blocksteine oder Rundhölzer.

Ein Kraterbeet eignet sich allerdings nicht für Reihenhausgärten. Sein Durchmesser beträgt mindestens 3 Meter, kann aber viel größer sein. Das Kraterbeet kann sowohl rund, oval oder linsenförmig sein.

Rund soll es sein?

Wer keine eckigen Beetformen mag, kann mit Rund- oder Halbrundbeeten den Garten gestalten. Weiche, organische Formen schmeicheln dem Auge. Im Prinzip kann das Rundbeet als niedrigeres Hochbeet angelegt werden. Wird die Umrandung mit größeren Steinen gestaltet und werden auch inmitten des Beetes größere Steine als Trittsteine gelegt, speichern diese tagsüber die Wärme und geben sie in der Nacht an die Pflanzen ab. Halbrundbeete lassen sich gut entlang einer Hausfassade aufbauen. Zusammen mit Spalierbäumen lässt sich darin eine bunte und vielfältige Mischkultur anbauen.

Bill Mollison hat vor allem Schlüsselloch- und Mandalabeete (siehe Seite 66 und 69) verwendet. Schlüssellochbeete mit Einbuchtungen für den Zugang werden von der Mitte aus bearbeitet, sie können rund oder länglich geformt sein. Diese Beetform ermöglicht es, den Garten zu erschließen und möglichst wenig Anbaufläche zu verlieren.

Schlüssellochbeete sind ideal für Mischkulturen, weshalb sie früher auch schon in den Klostergärten verwendet wurden. Sie lassen sich auch in Hügelkultur anlegen, allerdings mit geringeren Erhebungen. Das Mandalabeet bietet mit einem kreisförmigen Grundriss und einer radialen Anordung der Wege vom Zentrum ausgehend viele Randflächen, die die Bearbeitung des Beetes sehr erleichtern. Alternativ können Sie Ihren Garten aber allein schon durch größere Vor- oder Rücksprünge der Beete lebendiger gestalten.

Rechte Seite: Kraterbeete auf Lanzarote: Die Einfassungen aus Lavagestein halten Winde ab und schützen wärmeliebende Pflanzen, wie hier die Weinstöcke, bestens.

Kraterbeet

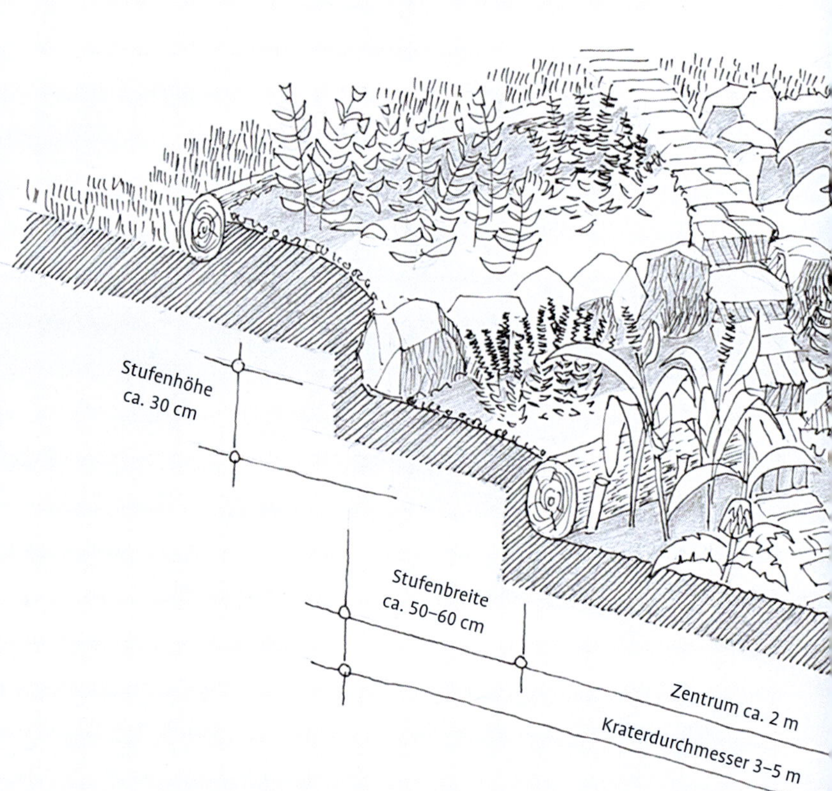
Stufenhöhe
ca. 30 cm
Stufenbreite
ca. 50–60 cm
Zentrum ca. 2 m
Kraterdurchmesser 3–5 m

Schlüssellochbeet

1. Sonnenfalle mit Sträuchern
2. Obstgehölze, Wildfruchthecke: Weißdorn, Zierquitte, Berberitze, Felsenbirne, Roter und Schwarzer Holunder, Rosen
3. Beet-Segmente: Mischkulturen mit Gemüse und Blumen, Hintergrund höhere Arten, Vordergrund niedere Arten

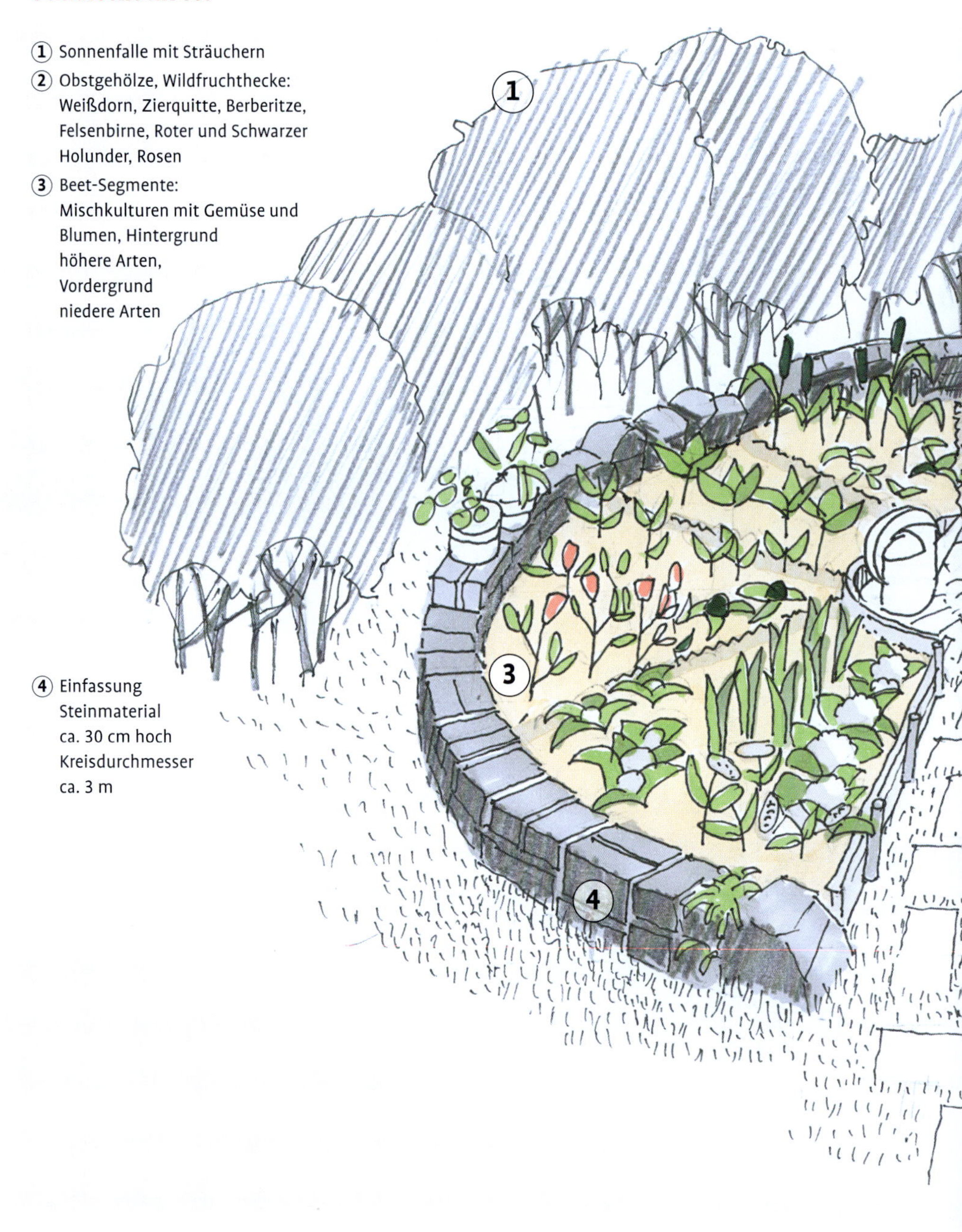

4. Einfassung Steinmaterial ca. 30 cm hoch Kreisdurchmesser ca. 3 m

1
2

Im Zentrum: Mandalabeete

Schlüssellochbeete sind mitunter schon der Übergang zum Mandalabeet. Das Mandala ist eine Form aus dem Buddhismus. Sie soll die Gedanken und den Geist für das Innere und die Konzentration darauf fördern. Ein Mandala unterliegt einer streng geometrischen Ordnung. Naturgemäß sind Struktur und Ordnung die Grundlagen unseres Universums. Sie bilden und verändern sich zu gegebener Zeit wieder zu einer neuen Ordnung.

Mandalabeete konzentrieren sich auf eine Mitte. Dabei führen aus den vier Himmelsrichtungen die Wege auf diese Mitte zu. Das Zentrum – also die Mitte – kann aus einem Springbrunnen, einem Quellstein oder auch aus einer besonderen Pflanze bestehen. Der Kreis ist dabei das Sinnbild für die perfekte Ordnung. Er ist ohne Anfang, ohne Ende und somit Symbol für Ganzheit, Harmonie und Gleichgewicht.

Ein Mandala kann, ähnlich wie ein Labyrinth, die Konzentration und die innere Einkehr fördern.

» *Ein Mandala ist meist quadratisch oder kreisrund und stets auf einen Mittelpunkt orientiert. Somit verkörpert das Mandala das gesamte Universum mit Himmel, Erde und Unterwelt.*

Rechte Seite:

1. Zentrum-Beet mit Königskerze
2. Segment-Beete mit alten Gemüsesorten, Heilkräutern, Beeren und Blumen in Mischkultur
3. Randeinfassung mit Ringelblumen als Schneckenabwehr

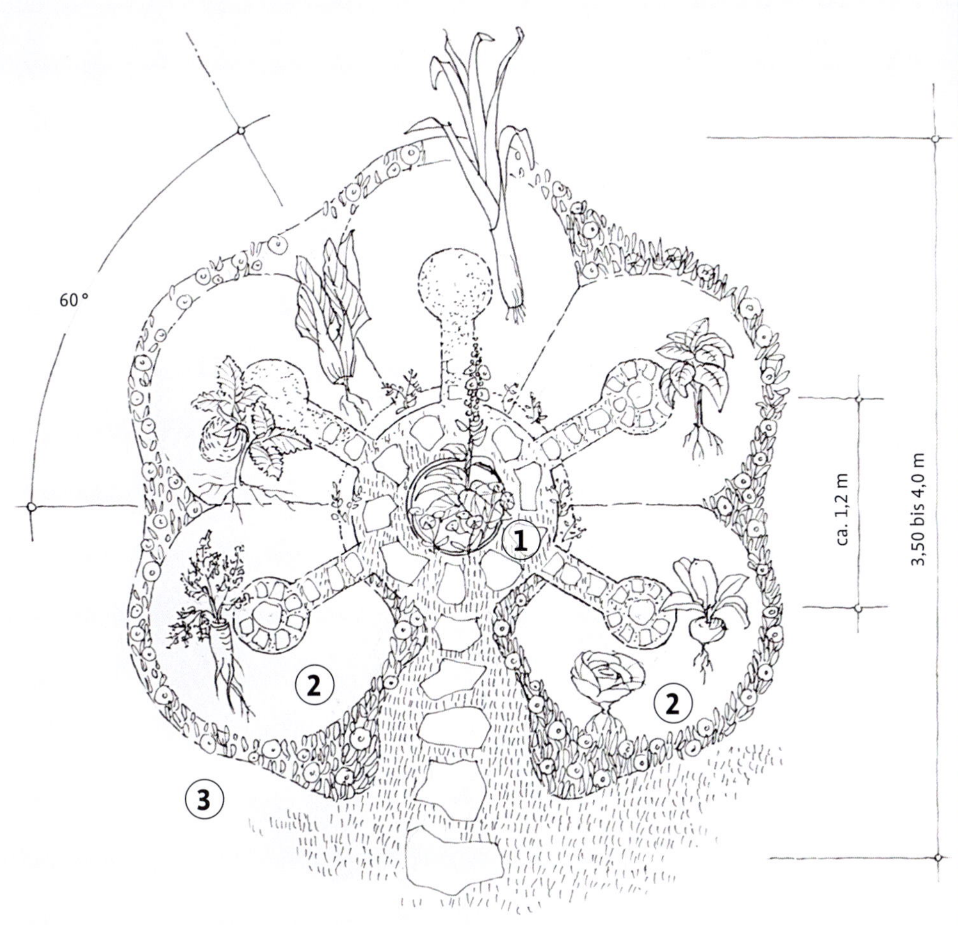
60 °
1
2
2
3
ca. 1,2 m
3,50 bis 4,0 m

Hügelbeete sind langlebiger

Mein Hügelbeet habe ich in einer Sonderform mit einer mit dicken Brettern geschützten Rückwand angelegt. Diese Rückwand ist nordseitig, die Bretter zeigen also von Osten nach Westen, sodass sich das Beet nach Süden öffnet. Es ist 8 m lang, 1,5 m breit und 80 cm hoch. Zunächst habe ich den Boden 50 cm tief ausgehoben und die verschiedenen Bodenschichten (also die Boden-Horizonte) jeweils extra auf Plastikfolien gelagert. Dies ist wichtig, um die Schichten später nicht durcheinander zu bringen. Vor allem der humose Bodenteil, erkennbar an der dunkleren Farbe, soll nicht mit den anderen Boden-Horizonten vermischt werden. Die Idee für diese Hügelbeet-Sonderform entstand aus Platzmangel in meinem Garten und dem Wunsch nach einer größeren Nutzfläche.

Das Füllmaterial

Gefüllt wird die Grube mit Baumstammstücken von 1 m Länge und bis zu 40 cm Dicke, die zuvor gewässert werden müssen. Man legt die Baumstücke parallel zueinander. Über die Stämme kommen Äste, Laub und dazwischen Erde aus dem ausgehobenen unteren Bereich (B-Horizont, siehe Seite 140). Alles wird festgetreten, damit keine zu großen Lücken zwischen Stämmen, Ästen und Laub entstehen. Kompost und Mist, vermischt mit Urgesteinsmehl, bilden die nächste Lage. Darüber werden nun die Grassoden geschichtet, mit der Wurzelseite nach oben. Zum Schluss wird die ausgehobene Erde des humosen A-Horizonts ebenfalls mit etwas Urgesteinsmehl vermischt und gleichmäßig auf dem Hügelbeet verteilt. Um Auswaschungen durch Regen zu verhindern, können Sie nach Fertigstellung des Hügelbeetes eine Schicht Rasenschnitt, Heu oder Laub aufbringen.

Nie mehr gießen

Nicht gießen zu müssen, war mein Hauptanliegen bei der Anlage der Hügelbeetanlage. Mein Hügelbeet habe ich bereits seit 13 Jahren nicht mehr gegossen und dennoch gedeihen dort viele verschiedene Pflanzen: Frühjahrsblüher, Kirschbäume, Johannisbeersträucher, Hopfen, Kletterrosen, Sommerblumenstauden wie Phlox und Storchschnabel, Kartoffeln, Erdbeeren und diverse Wildpflanzen wie Löwenzahn oder Brennnesseln.

Sie fragen sich sicher, wie das sein kann? Hier meine Erklärung: Die tief liegenden dicken Baumstämme speichern Wasser. Und selbst im Jahrhundertsommer 2003 musste ich das Beet in den sechs Wochen, in denen es nicht regnete, nicht gießen. Ich hatte Kartoffeln gepflanzt, die bei der Hitze tagsüber mehr tot als lebendig aussahen. Am nächsten Morgen hatten sie sich wieder erholt. Dieses Spiel wiederholte sich fortwährend, doch schweren Herzens blieb ich bei meinem Versuch, das Beet wirklich nicht zu gießen. Ich bekam sogar einen Gartenschlauch geschenkt, um das Kartoffel-Martyrium zu beenden. Die Überraschung kam im Herbst. Ich habe nie zuvor und auch später nie mehr so große und süße Kartoffeln erhalten wie 2003. Manchmal muss man eben tapfer sein – und seinen eigenen Versuch durchstehen.

Im Hügelbeet müssen Kartoffelpflanzen nicht mehr angehäufelt werden. Das spart Zeit, die Sie gewinnbringender für das Genießen Ihres Gartens einsetzen können.

Linke Seite: Hügelbeete im ganz großen Stil. Rankhilfen für Kürbisse erweitern die Anbaufläche zusätzlich auch noch in die Vertikale.

Die ausgewogene Mischkultur auf dem Hügelbeet mit Gemüse, Blumen und Heilkräutern sorgt für gesunde Pflanzen, Böden und Menschen.

Das Holz speichert bei Regen viel Wasser, nimmt von unteren Bodenschichten Wasser auf, speichert dieses und gibt es an die Wurzeln ab. Und damit steht das Wasser auch in trockensten Sommern allen Pflanzen zur Verfügung. Der Boden wird ständig mit Pflanzenresten gemulcht, denn das stoppt die Verdunstung. Laub, Grasschnitt oder Holzhäcksel bleiben grundsätzlich auf allen Beeten als Bodenschutz liegen, und auch das hält die Feuchtigkeit im Boden.

Hügelbeete sind kostenneutral im Gegensatz zu Hochbeeten. Beide erfüllen aber den gleichen Zweck. Der Arbeitsaufwand bei Hügelbeeten ist etwas höher als bei Hochbeeten, da die Grassoden abgetragen werden müssen.

» Kleinere Formen von Hügelbeeten lassen sich fast überall anlegen und ersparen Ihnen somit ständiges Gießen.

Es gibt ergänzend eine Sonderform des Hügelbeetes an der Hauswand und mit Ausrichtung nach Süden – so habe ich mein eigenes Beet angelegt.

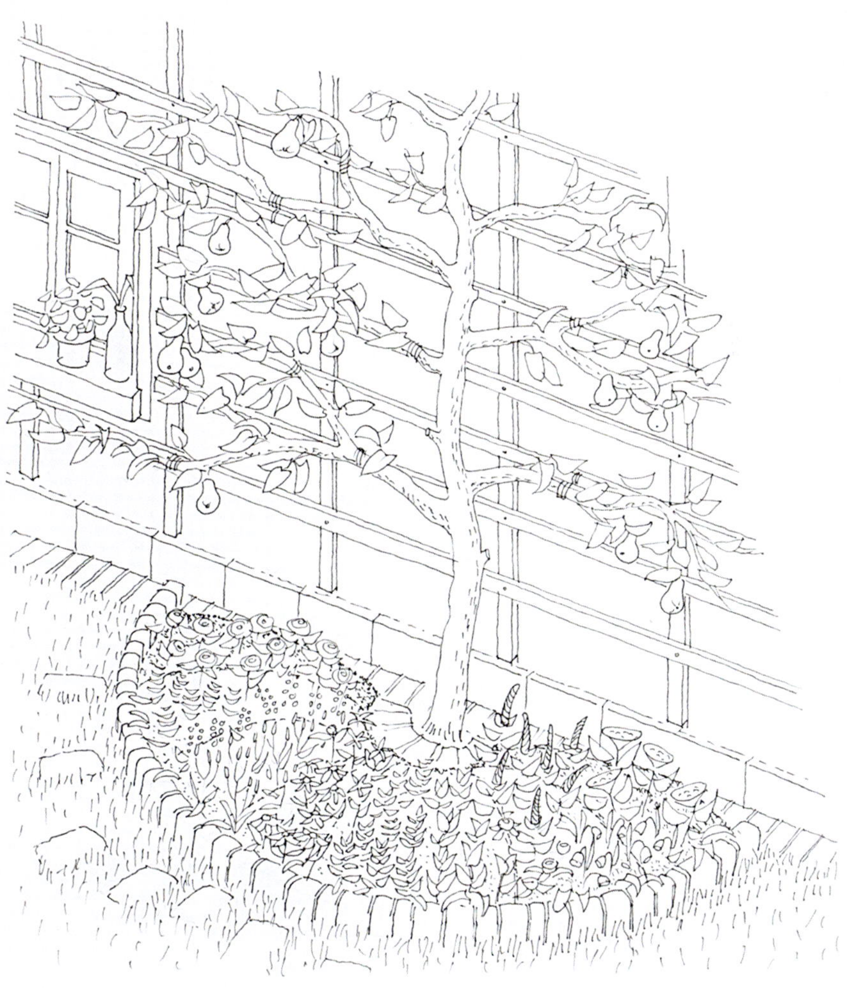

Hochbeete im Einsatz

Für bestimmte Gartensituationen eignet sich das Hochbeet sehr gut. Sie können damit Beete anlegen, wenn großer Wurzeldruck durch umstehende oder verschattende Bäume besteht. Geschickt geplant, stellen sie für kleine Reihenhausgärten einen attraktiven Sichtschutz dar. Zudem haben sie den Vorteil, dass für ältere oder behinderte Menschen die Bearbeitung sehr leicht zu handhaben ist.

Hochbeete müssen nicht zwangsläufig rechteckig sein, sie können auch in runder Form gestaltet werden. Die Rundform ist von der Gartengröße und anderen Anpflanzungen abhängig, ebenso von der Umgebung: Sie muss sich gut einfügen. Das Hoch-Rundbeet als offene Kreisform kann – ähnlich einer Sonnenfalle – für einen Garten eine Besonderheit sein.

Grundsätzlich wird das Hochbeet nach den gleichen Kriterien befüllt wie das Hügelbeet. Allerdings entfällt die Arbeit des Bodenaushebens. Das Hochbeet wird aufgestellt, dann werden Baumstämme, Äste und Zweige dicht aneinandergelegt und fest zusammengetreten. Anschließend vermischen Sie Laub, Kompost,

Erde, Urgesteinsmehl und Hornspäne und füllen das Material ein. Wenn Sie den Standort frei wählen können, sollten Sie beachten, dass auch Hochbeete ausreichend Sonne erhalten müssen.

Vorbild Natur Die Natur kennt keine Beete. Dafür präsentiert sie uns eine unglaubliche Artenvielfalt, die sich durch die Jahreszeiten ohne unser Zutun ständig ändert, scheinbar wieder verschwindet, erneuert und doch an anderer Stelle wieder auftaucht. Manche Gartenbesitzer haben dann das Gefühl, gar keinen Überblick mehr über das Geschehen in *ihrem* Garten zu haben. Eingefasste, geradlinige Beete, in der kein Wildwuchs stattfinden darf, sind dann das Resultat und oberstes Prinzip von Kultur, die das vermeintliche „Chaos“ bezwingt. Solche überschaubaren Gärten sind aber doch eher langweilig, wie ich finde.

Aus Recyclingmaterial lassen sich individuelle Hochbeete kreieren. Runde Formen geben dem Garten Schwung und wirken sehr harmonisch.

Linke Seite: Sie können die Beethöhen nach Ihrem gärtnerischen Bedarf planen. Der Garten bekommt dadurch Bewegung und wirkt keinesfalls starr. Ein kleines Hochbeet mit Weidenruten als Einfassung passt auch in einen kleinen Garten.

» *Bedenken Sie aber, dass Hochbeete – genau wie die Hügelbeete – außerordentlich viel Material benötigen.*

Die Sonnenfalle

Baumgruppen, Gehölze und Hecken sind natürliche Sonnenfallen, die eine schützende Wirkung gegen Wind haben und allein aufgrund ihrer Anordnung Wärme speichern. Ebenso gut können Sie aber Sonnenfallen gezielt in Ihrem Garten anlegen.

Richtig anlegen

Eine Sonnenfalle sollte immer in Richtung Süden – wie ein zur Sonne hin geöffnetes U – ausgerichtet sein: Dadurch scheint von Sonnenaufgang bis zum Sonnenuntergang die Sonne permanent in die Sonnenfalle. Die Gestaltung der Sonnenfalle kann entweder mit einem Staudengürtel, als Trockenmauer oder mit einer Holzwand erfolgen.

Sie kann aber auch von einem Baum- oder Sträucherrand begrenzt werden. Am Scheitelpunkt der Sonnenfalle, also an ihrem nördlichsten Punkt, sind die Gehölze am höchsten. Seitlich werden niedriger verlaufende Sträucher oder Stauden geplant. Die Höhe der

Gehölze ist von der Größe des Gartens abhängig: Je kleiner ein Garten, umso niedriger sind auch die Pflanzen der Sonnenfalle. Als Umrandung geeignet sind Beerensträucher, Scheinquitte, Berberitze oder Apfelbeere.

In allen Fällen bringt dies mehr Energie und mehr Wärme für die Pflanzen. Baut man in größeren Gärten einen Teich südlich der Sonnenfalle, werden die Sonnenstrahlen in Richtung Steine und Pflanzen reflektiert, und diese bringen zusätzlich Wärme.

Die Planung

Die ersten Planungsschritte erfolgen am besten zunächst auf dem Papier. Messen Sie im Garten aus, wie groß Ihre Sonnenfalle dort werden soll. Übertragen Sie Ihre Skizze in den Gartengrundriss in Ihrem Gartentagebuch. Vielleicht wissen Sie auch schon, welche Stauden, Beerensträucher oder Gehölze Sie integrieren wollen? Überprüfen Sie aber, ob die von Ihnen ausgewählten Pflanzen nicht zu groß sind beziehungsweise später zu groß werden. Zeichnen Sie den Platzbedarf jeder Pflanze und jedes Baumes maßstabgerecht in Ihren Plan ein.

Je größer ein Garten ist, umso höher können die Pflanzen der Sonnenfalle sein. Planen Sie Ihre Sonnenfalle mit Weißdorn, Flieder, Rotem und Schwarzem Holunder, Sanddorn, Heckenrosen, Liguster, Felsenbirne, Eberesche, Zierapfel oder Berberitze. Verstärken lässt sich die Wirkung der Sonnenfalle noch mit Steinen: Vor allem dunkle Steine oder auch Sandsteine speichern die Wärme tagsüber und geben sie in der Nacht an die umgebenden Pflanzen ab. Dadurch entsteht ein gleichmäßigeres Klima, das förderlich für das Pflanzenwachstum ist. In kleineren Gärten kann eine Sonnenfalle mittels einer ebenfalls U-förmigen Steinmauer gebaut werden. Auf der Mauerkrone lassen sich wärmeliebende Kräuter anbauen.

Thymian in voller Blüte auf der Trockenmauer: Mediterrane Kräuter, aber auch Sedum-Arten wie Fetthennen oder Mauerpfeffer gedeihen in diesem Milieu bestens.

Linke Seite: Eine kleine Mauer aus Naturstein-Quadern speichert die Wärme des Tages und ist besonders bei wärmeliebenden Pflanzen beliebt.

Baumscheiben als Sonnenfalle

Falls sich in Ihrem Garten nur ein großer Baum befindet, der den Rest des Gartens verschattet, sollten Sie prüfen, ob Sie nicht mit diesem Modell eine Anbaufläche erhalten können. Baumscheiben sind für Sonnenfallen der besonderen Art zu nutzen – ideal auch für Kleinstgärten, wenn es keine andere Anbaufläche gibt. Die Baumscheibe ist der Boden am unteren Ende des Baumstammes und beinhaltet die Fläche um den Baumstamm. Bei einem großen Baum kann die Nutzfläche einen mehrere Meter umfassenden Durchmesser haben.

Richtig vorplanen

Skizzieren Sie die Baumscheibe und teilen sie in konzentrische Kreisbögen. Markieren Sie, wo auf Ihrer Skizze der Norden ist. Bedenken Sie bei Ihrer Pflanzplanung, dass bei Flachwurzlern wie Apfelbäumen im unmittelbaren Bereich des Stammes keine mechanische Arbeit durchgeführt wird, denn die feinen Haarwurzeln könnten dabei verletzt werden. Dies betrifft eine Fläche von 1 bis 2 m rund um den Baumstamm.

Eine Baumscheibe mit einem Durchmesser von 7 m bietet die erstaunliche Anbaufläche von 38 m². Selbst bei einem kleineren Durchmesser von nur 5 m entsteht ein Beet mit 20 m² Anbaufläche. Wird diese Fläche noch in Form kleiner konzentrischer Hügelbeete angelegt, erhöht sich die Anbaufläche deutlich.

Um den Grasbewuchs zu unterdrücken und den Boden für die spätere Anpflanzung vorzubereiten, decken Sie die Baumscheibe etwa 20 cm dick mit Mulchmaterial ab. Das Mulchmaterial kann Holzhäcksel, Pflanz- und Gehölzschnitt, aber kein Rindenmulch sein. Die Mulchschicht ist wasser- und sauerstoffdurchlässig und durch das Mulchmaterial wird zudem das Bodenleben aktiviert. Anschließend lassen sich Flachwurzler wie Spinat, Feldsalat, Postelein und Erdbeeren anbauen.

Solitär bzw. einzeln stehende Bäume kommen im Garten besonders gut zur Geltung und sind immer ein hübscher Blickfang.

Damit sich keine Wühlmäuse ansiedeln, bringen Sie das Mulchmaterial auf der Baumscheibe im Herbst nur noch dünn als Bodenschutz aus. Stattdessen können Sie auch Winterspinat aussäen oder Gelbsenf, der im Herbst ausgesät für die Insekten noch Pollen und Nektar bringt und nach dem Frost als Bodenschutz dient.

Zur Vorbereitung für spätere Anpflanzungen wie auch zur Bodenverbesserung eignet sich Gründüngung. Sie sollte ebenfalls etwas vom Stamm entfernt ausgesät werden.

Nach Gusto bepflanzen

Die nördlichen Kreisbögen der Baumscheibe können Sie mit Stauden oder Beerensträuchern bepflanzen. Am besten integrieren Sie in diesen Staudengürtel auch Wildkräuter wie zum Beispiel Brennnesseln, Taubnesseln oder Goldnesseln. Die außenliegenden Stauden sollten Sie höher wählen als die innenliegenden, sodass ein gestufter Anbau entsteht, der die Sonnenwärme speichert. Die ost-, süd- und westseitigen Kreisböden können Sie mit Salat, Radieschen, Blumen, Kohlrabi, Dill, Fenchel, Möhren, Bohnen oder Erbsen bepflanzen. Möhren werden besser in die äußeren Segmente gesät, Flachwurzler wie Salat lassen sich auch an den innersten Kreisbögen säen oder pflanzen.

Den Boden verbessern

Um den Boden zu verbessern, säe ich gern Leguminosen wie Lupine aus. Leguminosen als Tiefwurzler lockern und belüften den Boden bis in 1,5 m Tiefe. Es gibt fertige Saatmischungen mit Tief- und Flachwurzlern zu kaufen, die den Boden intensiv durchwurzeln und so die Nährstoffvorräte auch in tieferen Ebenen durch Wurzelkontakte erschließen. In der oberen Bodenschicht von 30 cm ergibt sich eine unglaubliche Wurzellänge von 40 km/m^2! Die abgestorbenen Wurzeln bieten später für die Mikroorganismen, Bodenlebewesen und Regenwürmer die Nahrungsquelle und bilden Humus.

» Für den Baum wie auch den Boden besonders vorteilhaft ist Kapuzinerkresse. Wir ernten bis zum Frost viele Blätter und Blüten und reichern unsere Salate damit an. Kapuzinerkresse gibt es in vielen Farben – sie ist ein besonderer Augen- und Gaumenschmaus.

Baumscheibe als Sonnenfalle

1. Äußerer Ring:
   Stauden- und Gehölzgürtel als Sonnenfalle
2. Mittlerer Ring:
   Mischkulturen mit Gemüse und Blumen
   Lauch, Kohlrabi, Kohl, Tagetes, Ringelblumen, Kamille
3. Innerer Ring:
   Flachwurzler wie Postelein, Portulak, Spinat, Pflücksalat, Monatserdbeeren
4. Baumstamm

4

1
2
3

Ein Baum ist mehr als ein Baum

Für die Permakultur ist der Baum das wesentliche Element eines Gartens. Aufgrund seines Wasserhaushalts verändert er das Klima. Bäume verhindern Bodenerosion und fördern zugleich die Bodenfruchtbarkeit. Sie sind Windbrecher. Jeder Baum ist Lebensraum für Insekten, Vögel und Säugetiere. Bäume liefern Früchte, Beeren, Laub und Holz.

Den richtigen Baum wählen

Zu Beginn des Buches habe ich Ihnen empfohlen, eine Wunschliste mit allen Pflanzen anzulegen. Für welche Bäume haben Sie sich entschieden? Sind Obstbäume dabei?

Informieren Sie sich vor dem Kauf aber auch über die Unterlage dieser Bäume, die ausschlaggebend sind für das Wachstum. Es gibt schwach- und starkwachsende Unterlagen, sodass Sie für jeden Standort den richtigen Baum auswählen können.

Stand in Ihrem Garten bereits vorher ein Kern- oder Steinobstbaum, können Sie an den gleichen Platz wieder einen Baum pflanzen – allerdings nicht mehr von der gleichen Art. Hatten Sie dort vorher Steinobst, pflanzen Sie nun Kernobst. Der Grund liegt darin, dass Böden ermüden, und nur ein Artenwechsel sichert, dass Ihr neuer Baum auch gedeiht.

Ein Baum ist mehr als ein Baum. Für den Buntspecht, der nach Würmern und Maden sucht, ist er eine wichtige Futterquelle, bietet zudem Unterschlupf und Wohnung.

Alte Obstsorten sind bestens an unser Klima gewöhnt, trotzen daher Krankheiten und Schädlingen besser. Ganz nebenbei sind sie äußerst schmackhaft.

Ein Korb mit Obst aus dem eigenen Garten. Gibt es etwas Besseres als direkt vom Baum zu naschen oder die eigene Ernte ohne Umwege zu verwerten?

Zur Unterscheidung
Steinobst Kirsche (Süß- und Sauerkische), Zwetschge, Pflaume, Aprikose, Pfirsich, Nektarine, Reneklode
Kernobst Äpfel, Birne, Quitte, Mispel, Speierling, Eberesche
Schalenobst, essbare Nüsse und Kerne Baumhasel, Walnuss

Auswahl von Sorten

Vor dem Kauf sollten Sie herausfinden, ob Sie Sommer-, Herbst- oder Wintersorten bevorzugen. Machen Sie also den Geschmackstest. Allerdings können nur die Wintersorten lange gelagert werden. Entscheiden Sie sich ruhig für alte Sorten, denn diese sind standortangepasst und klimatauglich.

Birnen sind gut als Spindel-, Busch-, Halbstamm- oder Spalierbaum geeignet. So passen sie auch in einen kleinen Garten.

Kaufen Sie Bäume, Gehölze und Stauden aber besser nur im Fachhandel und nicht schnell im Baumarkt oder Gartencenter. Baumschulen können Sie beraten und Auskunft auf Ihre Fragen geben. Es ist zum Beispiel wichtig zu wissen, welchen Boden ein Baum braucht oder welche Vorsorgemaßnahmen gegen Wühlmäuse nötig sind. Ebenso können Sie sich absichern, wie dicht die Bäume zueinander gepflanzt werden können oder ob sich eine Sorte auch als Spalierbaum eignet.

Spindel-, Busch- und Halbstammbäume haben aber im Gegensatz zum Hochstamm keine lange Lebensdauer, oft sind es nur 20 bis 30 Jahre. Für Kleingärten eignen sich Obstbäume in Spindelbusch- oder Buschform aber gut, da sie nicht höher als 2,50 bis 3 m wachsen. Ihre Stammhöhe beträgt maximal 1 m. Sollte nur ein Baum gepflanzt werden, eignet sich ein Halbstamm.

Es gibt auch Obstbäume, die mit mehreren Sorten veredelt wurden. Die Früchte reifen zu unterschiedlichen Zeitpunkten, sodass eine Ernte über mehrere Wochen und Monate möglich ist. Auch auf Apfel- oder Birnenspalieren können mehrere verschiedene Sorten wachsen – ideal, da die Bäume sich gegenseitig befruchten können. Informieren Sie sich vorher über geeignete Befruchtersorten, damit Sie die richtige Wahl treffen.

Rechte Seite: Fast unglaublich, aber in einem toten Baum sind mehr Tierarten zu finden als in einem lebenden Baum.

Vertikal gärtnern

Vor allem unsere kleinen Stadtgärten reichen häufig nicht für die Umsetzung aller Wünsche aus, denn die normale, horizontale Beetfläche ist einfach nicht groß genug. Aber selbst kleine Gärten können in die „Höhe" wachsen: Mit der Vertikalen lassen sich verschiedene Gartenräume bilden und weitere Anbauflächen sinnvoll gestalten.

Grüne Wände leicht gemacht

Einfache Möglichkeiten der Erweiterung bieten sich schon mit freistehenden Spalierbäumen oder der Bepflanzung einer Pergola an. Diese Spalierbäume sind übrigens nicht nur platzsparend und raumbildend – sie wirken auch als Sichtschutz. Die Begrünung von Hauswänden oder eines Schuppens mit Nutzpflanzen ist nicht nur schön, sondern auch sehr effektiv – und Sie können mit einer reichlichen Ernte rechnen. Besonders wärmeliebende Obstgehölze gedeihen bestens an Spalieren. Aber auch Zäune lassen sich als vertikale Anbaufläche bestens nutzen.

Erbsen benötigen ohnehin ein Rankgerüst und Kapuzinerkresse oder Duftwicken ranken hier gerne nach oben. Oder nutzen Sie bereits vorhandene Gehölze als Rankgerüst für Bohnen, Erbsen, Wicken und Kapuzinerkresse.

Hausbegrünung mit Kletterpflanzen verbessert das Mikroklima und bietet Vögeln Nistmöglichkeiten. Auch Bienen freuen sich über zusätzliche Pollen und Nektar.

Vertikal Gärtnern liegt voll im Trend. Eine alte Einwegpalette wird pfiffig mit Salat und Kräutern bepflanzt zum kleinen Sichtschutz und Naschgarten an der Terrasse.

Ein echter Hingucker ist die üppig mit Blauregen überwachsene Pergola. Aus den Blüten der Glyzinie (Blauregen) lässt sich ein fruchtiger Sirup herstellen.

Eine Pergola, unter der Sie Ihre freien Stunden genießen, lässt sich mit Wein, Hopfen, Clematis, Wildem Wein, Blauregen, Knöterich, Kletter- oder Ramblerrose bewachsen und bietet zudem guten Sonnenschutz.

Freistehende Spalierbäume bieten attraktiven Sichtschutz und sind leicht abzuernten.

» *Meine Kletterrose dient den Feuerbohnen als Klettergerüst: So spare ich mir die Arbeit des Auf- und Abbaus einer Kletterhilfe.*

Artenreiche Wildnisflächen

Unsere Gärten sind ein wichtiger Baustein für den Erhalt der Artenvielfalt. Wir können allein schon durch eine Gestaltung mit Totholzhaufen und Tümpeln, aber auch einer bienenfreundlichen Auswahl an Pflanzen einen wesentlichen Beitrag für die Natur und das ökologische Gleichgewicht in unserem Garten leisten.

Wie viel Ordnung muss sein?

Im Sinne der Artenvielfalt ist ein sehr aufgeräumter Garten tödlich. Wovon und wie sollen Igel, Blindschleichen, Kröten oder Zaunkönig leben, wenn alles unter Kontrolle ist? Viele Vogelarten wie Zaunkönig, Gartengrasmücke oder Goldammer brüten bodennah und benötigen dichtes Unterholz oder dornige Hecken.

Es muss daher nicht jeder Quadratmeter gärtnerisch bearbeitet und gestaltet werden. Sie helfen der Natur sehr, wenn Sie eine Wildnisfläche in Ihrem Garten einplanen, die Tiere und Pflanzen in Besitz nehmen können. Ein dichter Brennnesselbestand am Rande Ihrer Gartenfläche bietet Schmetterlingen und vielen anderen Tierarten Lebensraum.

Man schätzt, dass etwa achtzig Arten von, mit und an den Brennnesseln leben. Vor allem Schmetterlinge benötigen Brennnesseln für die Eiablage und als Futterpflanze. Eine solche Wildnisfläche lässt sich auch ästhetisch gestalten und einfügen, indem zum Beispiel Stein- und Erdhaufen, Altholz, oder Ziegelreste einen Tümpel einfassen. Altholz in einem grobmaschigen Gitter umfasst, kann für Insekten, Vögel, Amphibien und Igel zum Lebensraum werden.

Der Zaunkönig bevorzugt dichtes Unterholz, in dem er brüten kann und vor Katzen und anderen Räubern geschützt ist.

Brennnesselbestände sind in freier Natur ebenso unverzichtbar wie in naturnahen Gärten. Sie dienen als Heilpflanze und als Refugium für Schmetterlinge und Insekten.

Wildblumenwiesen anlegen

Wenn Sie nicht mehr mähen wollen, sondern eine wilde Ecke im Garten planen, können Sie Ihre Rasenfläche nach und nach abmagern. Nur dann fühlen sich Wildblumen bei Ihnen heimisch. Entfernen Sie dafür in Zukunft Ihren Rasenschnitt, damit der Boden nicht weiter gedüngt wird. Den Rasenschnitt können Sie prima als Mulchmaterial für Ihre Beete verwenden oder aber kompostieren. Schneller geht es, wenn Sie dort komplett die Grasfläche abtragen. Wie das geht? Sie stechen die Grassoden ab – genau wie bei der Anlage eines Hügelbeetes – und entfernen dann die restlichen Wurzeln. Den Boden lockern Sie, indem Sie mageren Sand einarbeiten. Dann wässern Sie die Fläche und säen Wildblumensamen aus. Anschließend etwas feine Erde darüberstreuen, planieren oder walzen, damit die Samen Bodenschluss haben und keimen können. Eine Wildblumenwiese brauchen Sie nur ein- bis zweimal jährlich mähen.

Beobachten für die Natur

Der alte Spruch, „Nur was man kennt, schützt man auch“, gilt nicht nur in der Natur, sondern auch im Garten. Sogar im Kleinformat unseres Stadtgartens können wir vieles für gefährdete Tier- und Pflanzenarten tun. Wechseln wir einmal die Perspektive: Vom Gärtner werden wir zum Beobachter und kommen dadurch auf Ideen für die Gestaltung.

- Jede Pflanze sucht sich den für sie geeigneten Boden und erfüllt dort ihre Aufgabe.
- Eidechsen bevorzugen Steinmäuerchen sowie trockene Stellen und fressen Mücken.
- Wildbienen, Hummeln und Schmetterlinge suchen nach Pollen und Nektarpflanzen und bestäuben dafür unsere Obstbäume.
- Vögel brauchen Nistmöglichkeiten und befreien uns von Raupen, Mücken sowie anderen Insekten.

Artenvielfalt schaffen

Wenn wir es schaffen, in unseren Gärten die Vielfalt zum Prinzip zu erheben, werden wir kaum noch Probleme mit unliebsamen Pflanzen- und Tierarten oder mit Pflanzenkrankheiten haben. Sobald wir verstehen, welche Qualitäten zum Beispiel eine Kellerassel, Giersch oder der stumpfblättrige Ampfer haben, verändert sich auch unser Feindbild gegenüber jeglichen Kreaturen und Pflanzen. Ein Beispiel: Ampfer wurzelt bis zu 2 m tief, lockert und belüftet den Boden. Aber auch er hat einen tierischen Gegenspieler, nämlich den winzigen Ampferglanzkäfer, der die Blätter schmackhaft findet. Im Sinne eines Naturkreislaufes gibt es daher auch keine Schädlinge und keine Unkräuter.

Die selten gewordene Eidechse benötigt einen Schutz vor Räubern wie etwa Katzen. Auf warmen Natursteinen sonnt sie sich gern, kann sich in den Spalten aber auch schnell verstecken.

» Je mehr Arten wir in unseren Gärten erhalten, pflegen und gedeihen lassen, umso weniger lästige Probleme werden wir auch mit den Nutzpflanzen haben.

Insektenwohnungen bauen Bringen Sie an einer geschützten Stelle – ideal ist eine sonnige Südwand – eine Insektenwohnung an. Sie werden staunen, denn innerhalb weniger Stunden wird diese Wohnung schon bezogen sein. Falls Sie selbst das Insektenhotel bauen wollen, nehmen Sie bitte nur Holz von Laubbäumen. Bei Nadelholz besteht die Gefahr, dass Harz austritt und die Wildbienen verkleben. Die Bohrlöcher mit unterschiedlichem Durchmesser müssen im Inneren ganz glatt und vom Bohrmehl befreit sein, um nicht die hauchdünnen Flügel der Wildbienen zu verletzen. Auch aus Schilf, Holunder und anderen hohlen Stängeln können Sie leicht selbst eine Nisthilfe fertigen, die aber fest fixiert werden muss, das sonst die Wildbienen ihren Röhreneingang nicht mehr finden. Noch besser ist es, wenn Sie im Garten abgeblühte Stängel über den Winter stehen lassen und erst mit Beginn der Wachstumsperiode (Ende März) zurückschneiden.

Linke Seite: Weder Nadelholz, Stirnholz oder Ziegelsteine sind für Wildbienen geeignet. Stellen Sie Ihren Gartenmitbewohnern lieber andere Unterkünfte aus Naturmaterialien zur Verfügung.

Wasser im Garten

Es gibt viele Gründe für die Anlage einer Wasserfläche. Wasser spielt nicht nur in der Permakultur eine wichtige Rolle: ohne Wasser kein Leben. Das gilt für alle Lebewesen – für Pflanzen, Tiere und auch für Insekten.

Bach, Teich oder Quellstein?

Und vielleicht träumen auch Sie von leisem Plätschern in Ihrem Garten? Und würden gern Ihre Füße im Teich oder Bach kühlen? Oder den Libellen bei ihren kühnen Flügen zusehen? Warum nicht. Doch ob es ein Bachlauf wird oder ein Teich, entscheidet in den meisten Fällen das Platzangebot. Aber selbst in kleinsten Gärten lässt sich Wasser integrieren. Für sehr kleine Gärten kann es nämlich auch ein Wassertrog, ein Holzfass, ein Bottich oder ein kleiner Teich sein. In jedem Fall bedarf eine Wasserstelle aber genauer Überlegung.

Die richtige Größe

Je größer der Garten, umso größer kann auch die Wasserfläche sein. Für kleine Gärten bis zu 300 m^2 Grundfläche bietet sich ein kleiner Teich an. Für größere Gärten bis 800 m^2 kann es ein größerer Teich sein, vielleicht sogar mit Bachlauf. Ich habe für meinen Reihenhausgarten im Vorgarten, der etwa 30 m^2 misst, ein rundes Wasserbecken mit einem Durchmesser von 60 cm in den Boden eingelassen und mit Iris, Fieberklee und Seerose bepflanzt. Im rückwärtigen Gartenteil mit etwa 330 m^2 wurde ein Teich mit etwa 10 m^2 gebaut, der Tiefwasser- und Flachwasserzonen aufweist.

Der geeignete Standort

Bedenken Sie bei der Planung, dass ein Teich oder Tümpel nicht voll der Sonne ausgesetzt ist. Mindestens 2/3 der Fläche sollen beschattet sein. Andernfalls würde sich das Wasser übermäßig erhitzen, mit der Folge, dass zu wenig Sauerstoff im Wasser ist. Dies könnte

Ob Teich oder Bach – Wasser hat auf uns eine beruhigende Wirkung. Wenn sich das Sonnenlicht darin spiegelt, lässt sich die Sonnenenergie sogar direkt spüren.

» *Stellen Sie an erhöhten Plätzen eine Vogeltränke auf. Besonders in trockenen und heißen Sommern genießen Vögel das Wasser, oft auch nur, um darin ein Bad zu nehmen. Ebenso tun Sie damit den Bienen etwas Gutes: Ein Bienenvolk benötigt im Jahr etwa 120 l Wasser.*

zu einer starken Algenbildung führen und für Pflanzen und Tiere tödlich sein. Allerdings hat die Natur für alle Probleme selbst Lösungen: So dient die Kleine Wasserlinse, manchen auch als *Entengrütze* bekannt, als biologische Filteranlage. Die kleinen Blättchen produzieren selbst Sauerstoff nach dem Prinzip der Fotosynthese. So hält die Wasserlinse das Wasser sauber, da sie Nitrat, Phosphat, Nährstoffe oder Schadstoffe aus dem Wasser filtert und somit einer Algenbildung und dem Umkippen des Wassers erfolgreich entgegenwirkt. Wasserlinsen haben nach den Prinzipien der Permakultur viele Vorteile: Sie verbrauchen keine Energie wie zum Beispiel Wasserpumpen oder Filteranlagen. Zudem sind sie geräuschlos – und bieten Enten und anderen Wasservögeln gutes Futter.

Wasser im Garten verändert auch das Mikroklima. Es speichert Wärme und gibt diese langsam wieder ab. An heißen Tagen kühlt das Wasser also die Umgebung und an kalten Tagen gibt es Wärme an sie ab.

Tiere und Pflanzen

Egal, ob Bachlauf oder Teich, in jedem Fall wollen Sie ihn mit verschiedensten Pflanzenarten bewachsen lassen. Vielleicht können Sie sogar Fische züchten oder der Teich soll ein Biotop für Amphibien werden? Sie könnten sich aber auch *nur* an Seerosen, Froschlöffel, Pfeilkraut, Fieberklee, Blutweiderich, Mädesüß, Weidenröschen, Wasserminze, Sumpfdotterblumen, Iris, Dost, Rohrkolben, Sumpfvergissmeinnicht oder Wollgras erfreuen. Und womöglich finden Sie noch die eine oder andere essbare Wasserpflanze?

Ein schön bepflanzter Wasserbottich passt auch in den kleinsten Garten, auf die Terrasse oder den Balkon. Und die Insekten werden die neue Wasserstelle dankbar annehmen.

Phänomene

Oft stellen sich Tierarten von selbst ein. Selbst Molche scheinen fliegen zu können, wenn sie sich plötzlich im Wasser tummeln – ganz ohne unser Zutun. Geben Sie aber keine Goldfische in Ihren Teich, denn weder Libellenlarve, Wasserläufer noch der Froschlaich hätten eine Überlebenschance. Nur wenn Wasser an der richtigen Stelle platziert wird, können Sie seine positive Wirkung spüren. Für mich hat es einen ganz eigenen Zauber, den Wasserläufern zuzusehen. Libellen legen ihre Eier ins Wasser und deren Larven leben jahrelang im Teich, bis sie wieder als Libelle schlüpfen. Mitunter können Sie solch einen Geburtsvorgang sogar beobachten. Für die Permakultur sehr wichtig: Libellen sind Nützlinge, sie fangen Mücken und Insekten.

Reflexion Wasserfläche

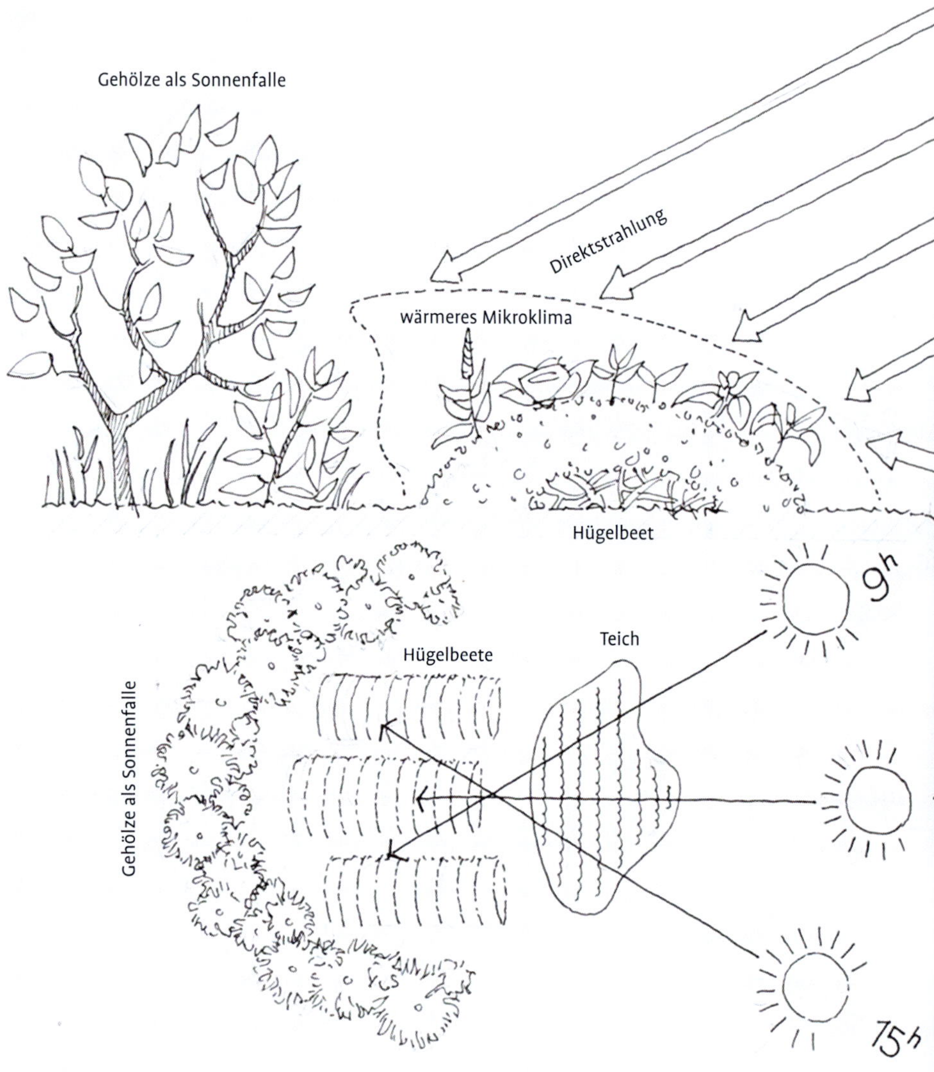

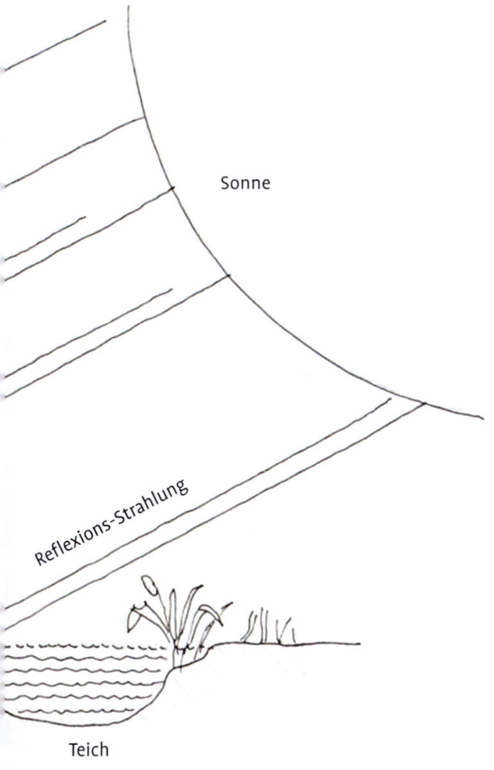

Platzieren Sie den Teich nahe bei den Beeten. Die Beete – in der Form einer Sonnenfalle angelegt – sind nördlich, der Teich südlich ausgerichtet. Scheint die Sonne, reflektiert das Wasser die Sonnenstrahlen direkt in die Sonnenfalle. Dadurch erhöht sich in diesem Bereich die Energie und Wärme. Und sogar zu Jahreszeiten, in denen die Sonne tief steht, erhalten die Beete noch eine Wärmezufuhr.

Lernen aus, mit und von der Natur

Mit dem Konzept der Permakultur lässt sich viel unnötige Arbeit sparen. Um aber stattdessen die Natur für sich arbeiten zu lassen und selbst weniger im Garten zu tun, benötigen Sie zunächst einiges Wissen über Naturzusammenhänge und Wechselwirkungen. Viele Erkenntnisse ergeben sich aus Beobachtungen, die wir in der Natur gewinnen können. Wie kann es sein, dass Landschaften, Wälder und Wiesen ohne künstliche Düngergaben existieren, Bäume in der Natur nicht geschnitten werden und trotzdem Früchte tragen? In der Natur wird auch nicht umgegraben, gegossen oder gedüngt und trotzdem gibt es eine riesige Artenvielfalt. Im Folgenden erkunden wir diese Phänomene.

Pflanzgemeinschaften

Längst ist wissenschaftlich erwiesen, dass Ergebnisse vielfältiger und Lernprozesse individuell erfolgreicher verlaufen, wenn Kinder oder auch Erwachsene gemeinsam lernen, als wenn jeder nur für sich lernt. Diesen Prozess kennen wir auch aus der Natur – hier sind es allerdings keine Lerngemeinschaften, sondern Pflanzgemeinschaften.

Einer für den anderen

In langjähriger Forschung konnte die Universität Zürich beweisen, dass Wiesenpflanzen in großen Pflanzgemeinschaften deutlich höhere Erträge abwerfen als Monokulturen. Sie nutzen Bodennährstoffe, Wasser und Licht gemeinsam besser aus. Ebenso hat man herausgefunden, dass Pflanzgemeinschaften gut gegen Schädlinge gewappnet sind: Die Gruppe schützt sich gegenseitig, zugleich verbraucht die einzelne Pflanze weniger Ressourcen für die Schädlingsabwehr und kann mehr Kraft in Wachstum und Reproduktion investieren. Die Arten passen sich zudem in der Gemeinschaft an – mit der Folge, dass die Erträge gesteigert werden. Forscher sprechen von einer Kurzzeit-Evolution, wenn sich Pflanzenarten auf ihre Stärken spezialisieren und somit die gesamte Pflanzgemeinschaft gestärkt wird.

Passende Pflanzengemeinschaften halten Schädlinge fern. Die Beetpartner schützen und fördern sich gegenseitig.

Integrierter Pflanzenschutz im Beet gelingt mit Gemüse und Knoblauch, Mischkulturen mit Blumen und Heilpflanzen wie Kamille, Ringelblume sowie Tagetes.

Auf gute Nachbarschaft

Das Prinzip der gegenseitigen Stärke findet und nutzt man auch in der Mischkultur, die eine vielseitige und harmonische Pflanzengemeinschaft auf dem Beet anstrebt. Die verschiedenen Pflanzen sollen sich sowohl ober- als auch unterirdisch ergänzen.

Allerdings gibt es in der Natur nicht nur ein Miteinander, sondern auch eine Unverträglichkeit untereinander. Pflanzen stehen über ihre Wurzelsysteme im Austausch – und können sich dabei sowohl fördern als auch hemmen. Die meisten Pflanzen, also auch Gemüsearten, lassen sich gut kombinieren. Für Ihren Ernteerfolg sollten Sie sich aber einige Kombinationen merken, die nicht miteinander angebaut werden dürfen:

Schlechte Partner

- Bohnen mit Zwiebeln oder Erbsen
- Zwiebeln mit Erbsen oder Kohl
- Tomaten mit Erbsen
- Knollenfenchel ist schwierig mit fast allen anderen Arten

Grundregeln für die Mischkultur

Pflanzen einiger Gattungen bzw. der gleichen Familie vertragen sich generell nicht miteinander. Sie sollten also diese Gemüse, Kräuter, Wildpflanzen und Blumen besser nicht innerhalb ihrer eigenen Gattung kombinieren:

- Kreuzblütler: Blumenkohl, Brokkoli, Chinakohl, Goldlack, Grünkohl, Kopfkohl, Kohlrabi, Kresse, Mairübe, Mondviole, Radieschen, Rettich, Rosenkohl, Rukola, Senf, Wirsing
- Hülsenfrüchtler: Bohnen, Erbsen, Linsen, Lupinen, Puffbohnen, Wicken
- Doldenblütler: Bärwurz, Dill, Fenchel, Kerbel, Kümmel, Liebstöckel, Möhren, Pastinaken, Petersilie, Sellerie
- Nachtschattengewächse: Kartoffeln, Tomaten, Auberginen, Chili

Sie müssen nicht auswendig lernen, wer wen mag im Beet. Es reicht, wenn Sie sich jährlich einen Pflanzplan erstellen und dann die günstigen und sich fördernden Kombinationen zusammenstellen. Und im darauffolgenden Jahr wechseln Sie die Anbauflächen, damit nicht die gleiche Pflanzenfamilie am gleichen Platz wächst. Kombinieren Sie zu Gemüse und Salaten immer auch Blumen. Ringelblume, Tagetes und Kamille haben für Pflan-

Blumen und Kräuter ergänzen sich im Gemüsebeet wie hier Ringelblumen und Borretsch.

Tagetes im Gemüsebeet. Sie sollten bei der Auswahl allerdings bedenken, dass Schnecken Tagetes lieben.

» Rosengewächse bilden die Ausnahme: Sie sind meiner Erfahrung nach auch miteinander am verträglichsten.

zen und Boden eine positive und heilende Wirkung.

Wechsel auf dem Beet

Kartoffeln und Kohlarten nie am gleichen Platz anbauen. Auf Starkzehrer mit hohem Nährstoffbedarf wie Kartoffeln, Kohlarten, Tomaten, Gurken folgen im nächsten Jahr Mittel- oder Schwachzehrer. Zu Mittelzehrern zählen Rote Bete, Gelbe Rüben, Zwiebeln, Fenchel, Rettiche, Radieschen und Paprika. Schwachzehrer sind Salate, Bohnen, Erbsen, Linsen und viele Kräuter.

Damit Sie auch nichts vergessen, hilft eine Zeichnung zur Beetplanung im Gartentagebuch.

» Merken Sie sich diese einfache Faustregel: Was im Topf gut schmeckt, wächst – fast immer – auch im Beet harmonisch miteinander und ist integrierter Pflanzenschutz: Tomaten mit Basilikum oder Bohnen mit Bohnenkraut.

Zeigerpflanzen

Die Natur bringt immer wieder uns unbekannte Pflanzen in unseren Garten, und sie macht dies auch noch absichtsvoll. Unkraut nennen sie diejenigen, die diese Pflanzen bekämpfen. Wildkräuter werden sie von denen genannt, die den Wert der Pflanzen kennen und schätzen.

Wichtige Informanten

Sobald wir uns aber mit diesen „unerwünschten“ Gästen beschäftigen, lernen wir ganz erstaunliche Dinge: Es sind Zeigerpflanzen, die uns wertvolle Informationen liefern können. Ganz ohne Laboruntersuchung machen uns diese Pflanzen nämlich darauf aufmerksam, wie es um unseren Boden im Garten bestellt ist. Eine einzelne Pflanze hat dabei noch wenig Aussagekraft. Sind dagegen viele Pflanzen einer Art und dazu viele andere Pflanzenarten vorhanden, die auf das gleiche Symptom hinweisen, spricht man von einem zuverlässigen Indikator und kann Rückschlüsse auf die Bodenbeschaffenheit ziehen.

Franzosenkraut ist ein Kulturfolger und zeigt an, dass langjährig Kulturen angebaut wurden. Es ist als Wildkraut essbar.

Zeigerpflanzen lassen zum Beispiel Rückschlüsse zu, ob zu viel oder zu wenig Stickstoff, Kalium, Kalk oder Phosphat vorhanden oder ob der Boden verdichtet ist. Zeigerpflanzen leisten uns Hilfestellung bei der richtigen Wahl für Gemüsebeete. Sie zeigen uns, ob der Boden humos, locker und ausreichend mit organischem Material für bestimmte Gemüsekulturen versehen ist oder zu viel oder zu wenig Nährstoffe vorhanden sind.

Es gibt dabei aber auch Mischformen: Böden können viel Stickstoff und Kalk aufweisen und trotzdem etwas sauer sein. Sie können stickstoffreich, aber nährstoffarm und zugleich humusreich sein oder trocken und kalkreich, verdichtet, stickstoffreich und sauer.

Vogelmiere ist sehr schmackhaft und enthält sehr viel Vitamin C. Als Flachwurzler unbedingt im Beet belassen oder in den Speiseplan integrieren.

Linke Seite: Giersch ist als Salat gesund und schmackhaft, sollte aber nicht im Gemüsebeet gedeihen, sondern nur unter den Gehölzen.

Zeigerpflanzen lesen lernen

Betrachten wir den eigenen Gartenboden, erkennen wir schnell, dass er nicht über die gesamte Fläche homogen ist. Denn auch wenn ein Garten noch so klein ist, finden wir dort doch unterschiedliche Bodenqualitäten mit unterschiedlichem Bewuchs vor. Zeigerpflanzen verraten Ihnen, wie der Boden in Ihrem Garten im Einzelnen beschaffen ist. Und aus diesem Wissen ergibt sich dann eine Anbau- oder Düngeempfehlung für Sie.

Weiterer Nutzen

Viele dieser Zeigerpflanzen sind nicht nur Heilkräuter im Sinne der Volksmedizin, sondern auch in der Küche verwendbar. Darüberhinaus bieten sie für Insekten eine wichtige Pollen- und Nektarquelle. Zu den Heilpflanzen gehören beispielsweise Brennnessel, Vogelmiere, Löwenzahn, Hirtentäschelkraut, Nelkenwurz, Quecke, Huflattich, Ackerschachtelhalm, Gänseblümchen, Spitzwegerich und Gänsefingerkraut. Für schmackhafte Rezepte lassen sich zum Beispiel Brennnessel, Giersch, Labkraut, Franzosenkraut, Melde, Vogelmiere, Sauerampfer, Ackersenf oder Gänsefingerkraut verwenden.

Phacelia ist die beste Bienenweide und eine hervorragende Gründüngungspflanze, die ganzjährig gesät werden kann.

Boden	Zeigerpflanzen	Was passt – was ist zu tun?
Viel Stickstoff	Brennnessel, Giersch, Klebriges Labkraut, Kreuzkraut, Vogelmiere, Weißer Gänsefuß, Franzosenkraut, Melde, Löwenzahn, Hirtentäschelkraut, Nelkenwurz, Quecke	Hier passen alle Starkzehrer wie Kohl oder Lauch. Beete zuerst freimachen; Planzen als Mulchmaterial oder für Kräuterjauche verwenden.
Humoser Boden	Rote Taubnessel, Franzosenkraut, Melde, Ehrenpreis, Vogelmiere	Boden ist für alle Nutzpflanzen geeignet. Kein Düngerbedarf.
Tonig-lehmiger Boden	Ackerschachtelhalm, Löwenzahn, Klettenlabkraut, Huflattich, Kriechender Hahnenfuß	Kartoffeln, Zucchini, Rote Bete, Kohlrabi. Zeigerpflanzen verweisen auf einen mitunter nassen Boden oder Staunässe; Sand und kleinere Steinchen in den Boden einarbeiten.
Nährstoffarmer Boden	Gänseblümchen, Kleiner Wiesensauerampfer, Weißklee, Sauerklee (*Oxalis*), Hirtentäschelkraut	Bohnen. Boden ist meist im sauren Bereich, unbedingt mit Kompost verbessern. Mulchmaterial, Langzeit- und Gründüngung empfohlen.
Verdichtete Böden	Gänsefingerkraut, Breitwegerich, Spitzwegerich, Huflattich, Ackerkratzdistel, Löwenzahn, Quecke, Ampfer	Kartoffeln, Bohnen, Leguminosen, Gelber Steinklee, Roggen. Empfohlen wird der Anbau von Tiefwurzlern und Gründüngung.
Kalkreiche Böden	Klatsch-Mohn, Ackersenf, Leinkraut, Roter Fingerhut, Storchschnabel, Wegwarte, Wolfsmilch	Ringelblumen. Anbau von Leguminosen wie Lupinen, Erbsen oder Ackerbohnen; Kompost empfohlen.

Leguminosen Dazu zählen zum Beispiel Hülsenfrüchte wie Ackerbohnen, Erbsen oder Linsen, Lupinen und Sojabohnen, ebenso alle Kleearten und Sträucher wie Ginster. Ihre spezielle Eigenschaft: Sie bilden an ihren Wurzeln eine Symbiose mit Bakterien. Diese speichern und bauen so viel Stickstoff auf, dass die Böden einen größeren Vorrat an Stickstoff haben als die jeweilige Vegetation verbraucht.

Stickstoffdepots (braune Kügelchen) bilden sich an den Wurzeln von Leguminosen wie Klee, Bohne, Lupine und Wicke.

Wildpflanzen als Pioniere

Sobald der Boden offen und nicht bewachsen ist, stellen sich umgehend Pflanzen ein, die wir vielleicht vorher im Garten noch nicht vorgefunden haben. Möglich ist das, weil in jedem Boden eine unüberschaubare Menge an Samen liegt, die scheinbar genau auf diesen Augenblick gewartet haben und schnell keimen.

Schneller Wechsel

Wird ein Boden bearbeitet und umgegraben, stellt sich in einem kalkreichen Boden gerne Klatschmohn ein. Im nächsten Jahr ist dieser aber schon wieder verschwunden. Je nach Bodenart (Lehm- oder Sandboden), Bodenqualität (Nährstoffgehalt) und pH-Wert (sauer oder basisch) werden sich die Pionierpflanzen zeigen – jedoch nach einiger Zeit auch wieder verschwinden. Sie alle leisten ihre ganz spezifische Aufgabe im Boden und schaffen dadurch für andere Arten günstigere Bedingungen. Diese verdrängen sie dann wieder, sodass sich ein steter Wechsel der Bepflanzung ergibt.

Berghang nach dem Sturm: übrig bleiben abgeknickte Fichten und offener, ungeschützter Boden, der allerdings schnell wieder von der Natur erobert wird.

Als Neophyt ist die Kanadische Goldrute eine sehr wichtige, weil spätblühende Bienenweide. Als Flachwurzler bezieht sie offene und karge Böden.

Das Große Weidenröschen ist ebenfalls eine gute Bienenweide und als attraktive Pflanze auch für Gärten bestens geeignet.

Im großen Maßstab

Was im Garten auf kleinster Fläche geschieht, lässt sich in großem Maßstab auf Wald- oder Berghängen nach Stürmen erleben. Stürme können ganze Wälder vernichten und es entsteht – vor allem in Fichtenmonokulturen – eine offene Fläche, auf der aufgrund des sauren Bodens zunächst nichts wächst. Nach kurzer Zeit besiedeln dann Pflanzen wie Himbeeren, Brombeeren, Weidenröschen und Kanadische Goldrute die offene Fläche. Sie bereiten für Holunder, Eberesche, Heidegewächse, Heidelbeeren und andere den neuen Lebensraum. Diese Pflanzen sind nicht nur Pioniere, sondern sie zeigen uns auch, in welchen Gemeinschaften Pflanzen miteinander gedeihen.

» Reißen Sie Pflanzen nicht einfach aus, sondern beherzigen Sie folgende Regel: Beobachten, wahrnehmen, erkennen, verstehen – und erst dann handeln. Es geht im Garten immer um die Prozesshaftigkeit. Also um Wechselwirkungen, die ohne unser Zutun ablaufen und die erst einmal nur unsere Aufmerksamkeit und den nötigen Respekt vor jedem Leben, sei es Pflanze, sei es Tier, fordern.

Wunder der Natur

Pflanzen haben vielfältige Eigenschaften: Unter Zuhilfenahme von Mikroorganismen und Mykorrhiza-Pilzen können sie für sich und für andere Pflanzen Bodennährstoffe aufschließen. Pflanzenjauchen aus Heilkräutern sind deshalb sowohl für den Boden, die Bodengesundheit, zur Stärkung der Pflanzen und gegen Schädlinge gleichzeitig wirksam.

Kluges Spezialistentum

Pflanzen sind wahre Spezialisten, denn sie sind in der Lage, in besonderem Maße Mineralien aufzunehmen und zu speichern. Löwenzahn, Kamille, Mohn oder Buchweizen sammeln Kalk, Fingerhut Eisen, Calcium und Magnesium. Schafgarbe bevorzugt Kalium, Calcium, Magnesium und Baldrian steigert den Phosphorgehalt im Boden. Beinwell ersetzt den Kaliumdünger und ist als Kopfdüngung für Tomaten geeignet. Sind Böden kalkreich, sammeln die Pflanzen dieses Mineral weniger. Das bedeutet, Pflanzen reagieren auf ihre Umgebung und sie orientieren sich an den im Boden enthaltenen Mineralstoffen. Was optimal verfügbar ist, muss die Pflanze nicht anreichern.

Integrieren Sie Wildkräuter wenigstens in kleinem Umfang im Garten, denn Ihre Kulturpflanzen werden sehr von den darin enthaltenen Mineralstoffen profitieren. Sie können

Digitalis purpurea, der Rote Fingerhut, ist eine Heilpflanze und bei Hummeln und Bienen sehr beliebt. Seine Multifunktionalität ist wichtig für Insekten und den Boden.

auch mit den Pflanzen mulchen, wenn Sie sie nicht selbst im Beet haben wollen. Aus den Wildkräutern lassen sich Jauchen, Brühen oder Tees herstellen – auch dann bleiben ihre Inhaltsstoffe dem Boden erhalten, schützen und pflegen unsere Kulturpflanzen.

Bodenentgiftung durch Pflanzen Viele ehemalige Industriestandorte, Bergwerke und Mülldeponien sind mit Schwermetallen verseucht. Altlasten als Folge der Industrialisierung sind auch bei uns noch immer weitverbreitet: Fast 400.000 Verdachtsflächen gibt es heute in Deutschland. Solche Böden wieder nutzbar zu machen, ist aufwendig und teuer.
Hier könnte die Natur helfen: Pflanzen wie die Hallersche Schaumkresse gedeihen auf verseuchtem Gelände und entziehen dem Boden Schwermetalle. Die Schwermetalle werden über die Wurzeln aufgenommen und in den Blättern gespeichert.
In ökologischen Pflanzenkläranlagen werden Rohrkolben, Iris oder Binsen zur Wasserreinigung angepflanzt. Pilze nehmen über ihre Mykorrhiza radioaktives Cäsium auf und speichern es. Viele Pflanzen können verseuchte Böden und Gewässer reinigen und als Lebensraum für Pflanzen, Tiere und Menschen wieder nutzbar machen.

» Das Zusammenspiel zwischen Boden, Bodeninhaltsstoffen, Pflanzen und Pflanzengesundheit hat eine direkte Auswirkung für uns Menschen: Geht es dem Boden und den Pflanzen gut – geht es auch uns Menschen gut.

Linke Seite: Beinwellwurzeln enthalten viel Kalium, weshalb Beinwell als Heilpflanze für Prellungen und Knochenbrüche eingesetzt wird. Als Jauche stärkt er auch andere Kulturen.

Apotheke im eigenen Garten

Wissen Sie, welche Wildpflanzen in Ihrem Garten wachsen? Womöglich sind das Brennnessel, Löwenzahn, Schafgarbe, Berufskraut, Weidenröschen, Gundermann, Seifenkraut, Duftveilchen, Stiefmütterchen, Rainfarn, Beinwell, Vogelmiere, Ackerschachtelhalm und noch einige mehr. Was Sie mit diesen Schätzen bewirken können, ist einfach unglaublich.

Die Wiesen-Schafgarbe ist resistent gegen alle Krankheiten und somit auch vielseitig zum Nutzen von Mensch, Tier und anderen Pflanzen einsetzbar.

Pflanzen für Tiere
Brennnessel Etwa 50 Schmetterlingsarten leben an, von und mit der Pflanze, vor allem die Raupen von Admiral, Kleiner Fuchs und Landkärtchen.
Löwenzahn Löwenzahnblüten bieten Pollen und Nektar für Insekten, andere Tiere fressen die Pflanze gern.
Schafgarbe Inhaltsstoffe wie ätherische Öle, Flavonoide, Cumarine und Gerbstoffe wirken heilsam. Schafgarbe enthält viel Kalium, fördert die Wundheilung durch Kompressen aus Blüten und Blättern.
Giersch Tiere fressen ihn gerne, wichtig ist er für Insekten.

Pflanzen helfen Pflanzen
Brennnessel Brennnesseltee hilft gegen Blattläuse, Jauche als Dünger enthält Eisen und stärkt die Pflanzenvitalität. Brennnesseln zwischen Kulturpflanzen fördern deren Geschmack. Sie verbessern die Lagerfähigkeit von Äpfeln.
Löwenzahn Löwenzahn ist Tiefwurzler und belüftet den Boden. Er fördert Eisen und Mineralien, sammelt Kalk und begünstigt Erdbeeren.
Schafgarbe Schafgarbe ist resistent gegen Krankheiten, ihre Wurzeln geben diese Resistenz an die Umgebung ab. Schafgarbe (Kompostpräparat) fördert den Reifeprozess im Kompost.
Giersch Giersch beschattet den Boden, wirkt humusbildend und regenwurmfördernd. Seine Wurzeln enthalten Saponine, die das Bodenleben positiv beeinflussen.

Pflanzen für Menschen
Brennnessel Brennnessel wirkt reinigend, entgiftend und harntreibend. Sie hilft bei Hautbeschwerden, Mückenstichen und Arthritis, stillt Blutungen, wirkt antiallergen, enthält Eisen, Mineralien und Vitamine. Brennessel ist eine hervorragende Salat- oder Gemüsepflanze. Ihre Samen sind essbar, blutbildend, blutdrucksenkend, cholesterinsenkend und enthalten viele Mineralien und Vitamine.
Löwenzahn Heilwirkungen auf Galle und Leber, harntreibend. Alles ist essbar: Löwenzahnwurzelgemüse und -salat ist auch für Diabetiker geeignet, enthält Inulin, wirkt entgiftend, stoffwechselanregend, enthält viele Mineralien und Vitamine.
Schafgarbe Wirkt krampflösend (Menstruation), blutdrucksenkend, entzündungshemmend, adstringierend und wundheilend. Würzige Blättchen für Salate. Heilwirkungen: krampflösend, gegen Heuschnupfen. Sekundäre Pflanzenstoffe: Flavonoide, Gerbstoffe.
Giersch Heilpflanze wirkt gegen Gicht und Rheuma, stoffwechselanregend, blutreinigend, entgiftend und harnsäuretreibend. Der Pflanzensaft hilft gegen Mückenstiche. Schmackhafte, Salat- oder Gemüsepflanze, die viele Mineralien und Vitamine enthält.

Blüten und ihre Besucher

Alle Insektenarten leisten im Garten und in der Natur Großartiges. Sie sammeln Pollen, laben sich am Nektar und bestäuben zugleich die Blüten die als Gemüse, Obst, Beeren auf unserem Teller landen. Aufgrund ihrer Blütenbesuche sorgen sie für die generative Vermehrung aller Blumen, Stauden, Gehölze, Bäume etc.
Der ökonomische Wert der Bestäubungsleistung von Insekten beträgt nach Schätzungen der Universität Hohenheim pro Jahr weltweit 70 bis 100 Milliarden Dollar. Andere Wissenschaftler schätzen die Bestäubungsleistung auf mehr als 150 Milliarden.

Bedrohungen für Tier- und Pflanzenarten

Der weltweite Verlust der Artenvielfalt an Pflanzen- und Tierarten wurde bereits in den 50-er Jahren dokumentiert. Es wurden von Staaten und von Bundesländern sogenannte „Rote Listen“ erstellt, die einen nationalen oder regionalen Bezug haben, die geografischen Besonderheiten aufzeigen und die Bedeutung des Artenschutzes vor Ort betonen.

Rote Liste

Im deutschsprachigen Raum zeigte die Rote Liste 1951 das erste kommentierte Verzeichnis gefährdeter Pflanzen- und Vogelarten. Trotz der darin enthaltenen Schutzanweisungen schreitet das Artensterben von Pflanzen und Tieren kontinuierlich fort; ein Ende und deren Folgen sind nicht abzusehen. Für Deutschland gibt das Bundesamt für Naturschutz eine Rote Liste der gefährdeten Biotoptypen heraus: Nur noch ca. 25 % Biotoptypen sind ungefährdet, wohingegen fast 75 % aller Biotoptypen gefährdet, davon fast 50 % stark gefährdet oder gar von vollständiger Vernichtung bedroht sind.

Die Krefelder Studie veröffentlichte 2017, dass seit 1989 hierzulande bis zu 81 % der Insektenpopulationen verschwunden sind. Selbst in Naturschutzgebieten und Biotopen sind viele Arten gar nicht mehr oder nur noch als Kleinstbestände vorhanden. Das „Verschwinden“ von Bienen, Hummeln, Schmetterlingen und Co. hat damit dramatische Auswirkungen:

Einerseits fehlt es an Bestäubern für Blüten, andererseits fehlt es den Bestäubern an Blütenangeboten. Fehlt im ökologischen Gefüge

Blattschneiderbiene auf einer Blüte.

ein wichtiger Baustein, wie z. B. Insekten, hat dies Auswirkungen auf andere Bereiche der Natur. „Die Artenvielfalt ist ein Indikator für die biologische Vielfalt und zeigt den Zustand von Ökosystemen oder Landstrichen an. Die Artenvielfalt fördert die Leistung und Flexibilität ganzer Landschaften, die dann auf Veränderungen besser reagieren und stabiler bleiben“ (Bundesamt für Naturschutz, Artenschutz-Report 2015).

Der Klimawandel und seine Folgen

Der Klimawandel hinterlässt seine Spuren in der Natur: Seit 2003 gab es bereits sechs „Jahrhundertsommer“ mit ausgeprägten Trockenzeiten. Dazwischen lagen Jahre mit übermäßig starken Regenfällen die zu Überschwemmungen und großen Schäden führten. Darunter leiden nicht nur Pflanzen sondern auch Insekten und in der Folge auch Vögel.

Mangelt es wochenlang an Regen, können Pflanzen kaum Nektar produzieren. Bei regenreichen oder kalten Monaten können Insekten, z. B. Honigbienen nicht fliegen, da diese erst ab 12 °C und nur bei trockenem Wetter fliegen. Diese extremen Ausschläge von Hitze und Trockenheit oder übermäßigem Starkregen führen für Pflanzen, Tiere und Menschen zu Stress und Krankheiten.

Im Jahr 2018 fielen in Deutschland nur rund 60 Prozent der sonst hier üblichen Niederschläge. Die Hauptvegetationszeit, vor allem die Monate April bis November, war außergewöhnlich trocken. Trotz Schneefalls und Regen wurde das Niederschlagsdefizit nicht ausgeglichen. Pro Quadratmeter fehlen seit 2018 ca. 200 l Wasser, das sonst der Boden gespeichert hätte.

Artenvielfalt und Kleinklima

Für Gartenbesitzer, die Permakultur betreiben, alte Sorten anbauen, Wildkräuter integrieren, eine größtmögliche Artenvielfalt betreiben,

Kapuzinerkresse und Palmkohl im Mischkulturbeet.

Hügelbeete und Mischkulturen anlegen, ihren Boden permanent mulchen, ist für ihre Pflanzen selbst bei großer Trockenheit ausreichend Feuchtigkeit im Boden vorhanden, denn bei diesen durchdachten Anbaumethoden muss nicht gegossen werden. Das Konzept des Permakulturgartens, das viele verschiedene Pflanzen, Gehölze, Stauden, Bäume, Blumen, Gemüse- und Obstsorten beinhaltet, bietet nahezu allen Insekten- und Tierarten einen Lebens- und Nahrungsraum, der auch dem Klimawandel Paroli bieten kann.

Aufgrund der hohen Pflanzendichte – vertikal und horizontal - werden zudem verschiedenartig gestaltete Gartenräume und Mikroklimata geschaffen. Dazu trägt auch die große Artenvielfalt auf engem Raum bei, da sich in den unterschiedlichen Kleinklimabereichen verschiedenartige Populationen ansiedeln.

Das Wetter von Morgen

Seit 1881, dem Beginn der Wetteraufzeichnungen, war das Jahr 2018 das vierttrockenste Jahr. Der Deutsche Wetterdienst vermeldet so genannte Dürreprognosen, das ist die Grundlage für Vorhersagen der Bodenfeuchte. Ist viel Wasser im Boden gespeichert, können Pflanzen trotz wochenlanger Trockenheit darauf zurückgreifen. Der Boden dient als Puffer und versorgt Pflanzen und Bodenlebewesen mit Feuchtigkeit.

Bei Trockenheit und großer Hitze werden Bodenlebewesen wie z. B. der Regenwurm inaktiv. Der Deutsche Wetterdienst resümiert: „Das Jahr 2018 hat [...] gezeigt, mit welchen folgenreichen Auswirkungen wir bei weiter steigenden Temperaturen in Deutschland künftig wohl rechnen müssen."

Ausbleibende Regenfälle bedeuten ebenso wie Dauer- oder Starkregen Stress oder Krankheiten für Pflanzen. Regionale und autochthone Sorten sind an unser Klima häufig bestens angepasst. Bodenpflege, gezielter Humusaufbau – z. B. durch Mulchen –, erzeugt eine lockere, luftige, durchlässige Bodenschicht, die mit Starkregen gut zurecht kommt und das Auswaschen von Nährstoffen verhindert. Gemulchter Boden hat bei Trockenheit und Hitze nur eine geringe Verdunstung. Frisch eingesetzte Pflanzen sollen nur anfänglich gegossen werden. Regenwasser ist zu bevorzugen, da es im Gegensatz zu Leitungswasser den Boden nicht versalzt.

Bedeutung der Artenvielfalt im Ökosystem

Es ist nachgewiesen, so die Uni Göttingen 2016, dass aufgrund des Artensterbens die Entwicklung neuer Arten verhindert wird, die für die Bewältigung neuer Herausforderungen, zum Beispiel des globalen Klimawandels, notwendig wären. Eine größtmögliche Artenvielfalt im Nahrungsangebot ist für Wildbienen und alle anderen Insekten wichtig, um ihnen eine gesunde und abwechslungsreiche Versorgung mit Pollen und Nektar zu garantieren.

Insekten und ihre Rolle im Ökosystem

Aufgrund des dramatischen Insektenmangels können Vögel ihren Nachwuchs nicht ausreichend ernähren. Es fehlen sowohl geeignete Lebensräume als auch üppige Insektennahrung für Vögel. Deshalb ist die Anzahl an Vögeln und Vogelarten auf ein Minimum reduziert, verschwunden, ausgestorben.

Bei Trockenheit und großer Hitze werden Bodenlebewesen wie z. B. der Regenwurm inaktiv.

Insekten sind das wichtigste Glied in der Nahrungskette.

Definition: Artenvielfalt ist biologische Vielfalt; sie wird auch Biodiversität genannt. Sie umfasst neben der Vielfalt aller Arten auch die genetische und die Vielfalt von Ökosystemen. Ohne genetische Vielfalt wird der notwendige evolutionäre Prozess und die Entwicklung neuer Arten verlangsamt, verhindert oder unterbunden. Dazu zählt auch die kulturelle Vielfalt, z. B. unterschiedliche Anbautechniken unter Nutzung vorhandener lokaler und regionaler Ressourcen.

Das wichtigste Glied in der Nahrungskette sind alle Insektenarten. Dieser Umstand hat gravierende Auswirkungen: Der evolutionäre Prozess – die Veränderung und Anpassung, z. B. an den Klimawandel –, kann aufgrund der geringen Populationen von Tier- und Pflanzenarten sowie der rasanten Veränderungen und negativen Umwelteinflüsse, wie z. B. Pestizide, nicht mehr stattfinden.

Wildbienen, Hummeln, Schmetterlinge und Co.

Insekten sind von allen Tierarten weltweit die größte und umfangreichste. Allein die Hautflügler, eine Ordnung der Insekten, wozu auch Käfer, Schmetterlinge und Zweiflügler zählen, wurden mit 156.000 Arten beschrieben. Aufgrund dieses Artenreichtums sind sie für die Bestäubung am wichtigsten. Keine andere Tiergruppe erreicht diese Dichte und Biomasse und doch sind sie höchst gefährdet.

» *„Die Tatsache, dass der Wert der Ökosysteme und der Biodiversität bisher ökonomisch nicht wahrgenommen wird, ist eine entscheidende Ursache der alarmierenden Zerstörung der Natur.“*

PAVAN SUKHDEV,
GENERALDIREKTOR DER
DEUTSCHEN BANK, 2011

Wildbienen

Im Gegensatz zur Honigbiene, die ihren Stock und ihre Honigvorräte gerne auch mit ihrem Stachel verteidigt, sind Wildbienen harmlos. Wildbienenarten haben eine Körpergröße von 4 mm–30 mm. Sie müssen kein Nest verteidigen und ihr feiner Stachel kann die menschliche Haut nicht durchdringen.

Lebenszyklen der Wildbienen

Wildbienenweibchen nisten z. B. in Hohlräumen von abgestorbenen Stängeln, in Bohrlöchern von Totholz oder auch im Boden. In die Brutröhren werden mehrere Kammern, die voneinander mit Lehm abgetrennt sind, mit Pollen und Nektar gefüllt. Jede Kammer ist für jeweils eine einzige Wildbiene angelegt. In diese Kammern legen sie zum Futtervorrat ein Ei und verschließen am Ende die Brutröhren mit Lehm oder Sand. Der eingetragene Pollenvorrat muss für die gesamte Entwicklung vom Ei über das Larvenstadium bis zur fertigen Biene ausreichend sein. Aus den befruchteten Eiern schlüpfen Weibchen. In die zuletzt gebaute Kammer wird ein unbefruchtetes Ei gelegt; daraus entsteht das Männchen, die Drohne. Männchen benötigen einen kürzeren Zeitraum für ihre Entwicklung vom Ei zur Larve, von der Verpuppung bis zur Biene. Drohnen verlassen deshalb das Nest als erste und machen sich sofort auf die Suche nach begattungsfähigen Weibchen. Häufig sitzen sie an Nesteingängen und warten auf die soeben geschlüpften Weibchen, um sie sogleich zu begatten.

Gehörnte Mauerbiene.

Metamorphose – ein Wunder der Natur

Die Metamorphose läuft bei beiden Geschlechtern gleich ab: nach wenigen Tagen schlüpfen aus den Eiern die Larven. Diese wachsen während eines 2- bis 4-wöchigen Zeitraums über mehrere Larvenstadien bis zur Puppe. Den Winter überdauern sie im Puppenstadium. Zum Schutz vor der monatelangen Ruhephase spinnen die Larven der meisten Arten einen Kokon aus Seide. In diesem Kokon findet nun die Metamorphose, die Verwandlung zum fertigen Insekt statt. Das Wunder dabei besteht darin, dass sich der Körper im Kokon vollständig auflöst und es entwickelt sich aus der amorphen Flüssigkeit die Wildbienengestalt. Das geschlüpfte Insekt ist danach vollkommen entwickelt und wächst nicht mehr.

Unterschätzte Bestäubungsleistung Unterschätzt wurden bislang die Bestäubungsleistungen von Wildbienen, Hummeln, Schmetterlingen und Co. im Gegensatz zur Honigbiene. Dabei werden Hummeln in Tomaten-Gewächshäusern eingesetzt, Mauerbienen im Obstbau und in Mandelkulturen, Blattschneiderbienen im Luzerneanbau. Wildbienen sind sehr effektive Bestäuber, die für den Erhalt unserer Lebensgrundlage sorgen. Artenvielfalt ist für einen Permakulturgarten eine Grundvoraussetzung und dazu gehören vor allem Insektenarten, die sich von den nachfolgend aufgeführten Pflanzen problemlos in jeden Garten oder Vorgarten integrieren lassen.

Pollen eintragen Wildbienen sind nicht aggressiv; man kann beim Anfliegen der Nisthilfe im Garten oder ihrer Röhre im Boden ganz dicht dabeistehen und ihnen zusehen, wie sie Pollen eintragen. Tragen sie Pollen ein, gehen sie vorwärts in die Brutröhre und rückwärts raus; legen sie auf das Pollenpaket ein Ei, fliegen sie rückwärts in die Röhre und vorwärts hinaus.

Lebensdauer von Wildbienen

Die Lebensdauer von Wildbienen ist durch ihre Art vorbestimmt. Manche Arten überwintern als Kokon mitunter bis zu acht Monaten – bei einigen Arten sogar zwei oder drei Jahre. Bei den meisten Arten gibt es eine sog. Vorpuppenphase, die im Sommer einige Wochen, bei den meisten Arten fast bis zu einem Jahr über den Winter hinaus dauern kann, bevor sie ausfliegen. Viele Wildbienenarten sehen wir ab April bis Juni. Die Lebenszeit von Solitärbienenweibchen beträgt maximal drei bis sechs Wochen. Bei günstigen Bedingungen und gutem Pflanzenangebot kann es eine zweite Generation innerhalb eines Jahres geben.

Nachwuchsbedingungen

Für den Bau einer einzigen Brutzelle, dem Sammeln von Pollen und der Eiablage benötigt die Biene bei guten Witterungsbedingungen einen Tag. Lange Regenzeit, ungenügende Pollenversorgung, Parasiten, Pestizide und andere Umwelteinwirkungen reduzieren die Nachwuchsrate erheblich, da Wildbienen auch von anderen Insektenarten und Vögeln gefressen werden. Das Weibchen kann bei schlechten Bedingungen meist nicht mehr als maximal bis zu 40 Eiern legen. Meist sterben die Weibchen nach der Eiablage. Aufgrund der genannten Probleme werden daraus nicht viel mehr als etwa zehn Weibchen und einige Männchen schlüpfen.

Flugzeiten von Wildbienen

Nicht nur zu den Hauptflugzeiten sollte es im Garten, im Stauden- und Gemüsebeet und den Hecken ganzjährig Blütenreichtum geben. Hecken oder Staudengürtel dienen in der Permakultur als Sonnenfalle. Die Auswahl orientiert sich immer an der sog. Multifunktionalität einer Pflanze. Ein gutes Beispiel ist Kamille: Sie heilt den Boden, bietet Pollen und Nektar und hat für uns Menschen eine heilsame und antibakterielle Wirkung. Sie bietet also einen Mehrfachnutzen für Boden, Pflanzen, Tiere und Menschen.

Selbst in kleinen Gärten lassen sich mit Stauden wie Küchenschelle, Blauraute, Glockenblumen, Blutweiderich, Laucharten, Thymian, Salbei, Katzenminze, Natternkopf, Beinwell, Dost oder Skabiosen, großartige Pollen- und Nektarangebote für Hummel und Co. etablieren. Die Hauptflugzeiten beginnen z. B. für die Weiden-Sandbiene, die Frühlings-Pelzbiene, die Gartenhummel, die Goldene Schneckenhausbiene, die Rote Mauerbiene oder die Blauschwarze Holzbiene bereits im März.

Wildbienen, die sich auf eine einzige Pflanzenfamilie spezialisiert haben, wurden namentlich nach der Pflanze benannt, von der sie sich ausschließlich ernähren. Daraus erschließt sich, wann ihre Lebens- und Flugzeit beginnt bzw. endet.

Flugzeiten der Wildbienen:

- Knautien-Sandbienen: Mai bis August
- Glockenblumen-Scherenbienen: Juni bis August
- Hahnenfuß-Scherenbienen: April bis Mai
- Natternkopfbienen: Juni bis August
- Lauch-Maskenbienen: Juni bis August
- Platterbsen-Blattschneiderbienen: Juni bis August
- Schenkelbienen von Juli bis September

Glockenblumenscherenbiene beim Pollen- und Nektarsammeln.

Flugradius von Wildbienen

Während Honigbienen kilometerweit zu den Trachtpflanzen (z. B. ein Rapsfeld oder eine Obstbaumwiese) fliegen können, haben Wildbienen, Hummeln, Schmetterlinge und Co. einen äußerst knappen Flugradius. Von ihrem Nest oder Bruthöhle aus beträgt der Entfernungsbereich je nach Wildbienenart mitunter nur 70–200 Meter, der größte Flugradius beträgt max. 800 Meter. Der Nistraum und das Blütenangebot müssen also dicht beieinander liegen. Eine Nisthilfe für Wildbienen ist daher nur dann nützlich, wenn in unmittelbarer Umgebung viele verschiedene Blütensorten für verschiedene Wildbienenarten zur Verfügung stehen.

Junge Honigbiene schlüpft aus ihrer Zelle.

Lebensräume von Wildbienen

Totholz, abgestorbene Stängel oder Nisthilfen aus Laubhölzern bieten Nistmöglichkeiten. Viele Wildbienenarten leben im Boden und benötigen daher einen ungestörten Zugang zu ihrer Brutröhre, die auch ein verlassenes Mauseloch sein kann. Einige Wildbienen legen ihre Brut in verlassene Schneckenhäuser. Diese drapieren und bekleben sie mit kleinen Moosstückchen. Andere Wildbienen verzieren den Bruteingang mit Blütenblättern von Klatschmohn. Blattschneiderbienen formen aus Blattstückchen eine Tüte, in die sie ihre Brut legen. Einige Wildbienen türmen über dem Brutnest einen Berg an kleinen Gras- und Holzstücken, um die Brut zu schützen. Offenbar sind der Phantasie keine Grenzen gesetzt.

Sind Honigbienen Konkurrenten der Wildbienen?

Viele Wildbienenarten besuchen nur spezielle Pflanzenfamilien, wie etwa Doldenblütler, Lippenblütler, Schmetterlingsblütler, Kreuzblütler etc. Honigbienen hingegen sammeln an fast allen Blüten Pollen und Nektar und stellen damit für Wildbienen durchaus eine Konkurrenz dar.

Zahlen und Fakten Ein Bienenvolk hat im Sommer mindestens 50.000 Bienen, davon sind etwa ein Viertel der Bienen, also ca. 12.000 Bienen als Flugbienen unterwegs, die ganztägig Pollen und Nektar sammeln. Eine Flugbiene besucht in der Stunde ca. 700 Blüten. 12.000 Bienen besuchen in einer Stunde 12.000 × 700 = 8.400.000 Blüten. An einem Sommertag beträgt die Flugzeit mindestens 10 Stunden. Das macht also 8.400.000 × 10 = 84.000.000 Blüten eines einzigen Bienenvolkes am Tag.

Hummeln

In Deutschland sind 36 Hummelarten beschrieben; europaweit sind es etwa 70 Arten. Zurzeit stehen 16 Hummelarten auf der Roten Liste; einige Arten sind bereits ausgestorben. Hummeln, Wildbienen und Hornissen sind durch das Bundesnaturschutzgesetz geschützt.

Staatenbildende Insekten

Hummeln sind im Gegensatz zu Wildbienen staatenbildend. Es überleben im Herbst die Jungköniginnen, die im nächsten Jahr sowohl für den Nestbau und die Versorgung der Brut mit Pollen zuständig sind. Erst wenn genügend Arbeiterinnen geschlüpft sind, versorgen diese die Brut und die Königin legt nur noch Eier. Es schlüpfen bis zu 800 Hummeln; die meisten sind Arbeiterinnen.

Lebensräume von Hummeln

Seit dem Ende der 1980er Jahre werden Hummeln beim kommerziellen Anbau von Obst und Gemüse als Bestäuberinsekten eingesetzt. Von großer wirtschaftlicher Bedeutung ist ihre Verwendung beim Treibhausanbau von Tomaten. Weltweit werden jährlich Millionen von Hummelnestern künstlich aufgezogen und an Gemüsebauern versendet. Die wichtigste Art bei der kommerziellen Zucht ist die Dunkle Erdhummel. Wildbienen legen ihre Brutröhren, wie die Hummeln ihre Nester, überwiegend in den Boden. Sie nisten meist in der Moos-/Krautschicht. Lassen Sie ausgewählte Stellen im Gartenboden oder Rasen mal verfilzen oder vermoosen. Dafür die Flächen abschnittsweise nur alle drei bis vier

Können Hummeln stechen? Wenn sie sich bedroht fühlen oder das Nest in Gefahr sehen, können sie stechen. Hummeln stechen nicht sofort, sondern warnen zuvor mit einer Abwehrreaktion. Zunächst heben sie ihr mittleres Bein in Richtung des Angreifers. Bei stärkerer Bedrohung drehen sie sich auf den Rücken, strecken den Stachelapparat in Richtung des Angreifers und brummen dabei laut.

Die Dunkle Erdhummel wird oft in Gewächshäusern für die Gurken- und Tomatenpflanzenbestäubung eingesetzt.

Jahre mähen. Je nach Art kann auch ein Mauseloch, ein hohler Baum oder ein verlassenes Vogelnest für die Brut genutzt werden.

Probleme für Hummeln durch Klimawandel

„Hummeln haben mit dem Klimawandel ein Problem: Er schränkt ihren Lebensraum ein. Im Gegensatz zu anderen Tierarten nämlich ziehen sie nicht einfach mit den Temperaturen mit, die ihnen gefallen“, erklärt Oliver Schweiger vom Helmholtz-Zentrum für Umweltforschung (UFZ) in Leipzig. Einige Pflanzen- und verschiedene Tierarten „wandern“ Richtung Norden und erweitern ihren Lebensraum. Hummeln hingegen reagieren auf die Erderwärmung nicht mit einer Erweiterung ihres Lebensraums. „Obwohl sich ihre Lebensräume mit rund plus 2,5 Grad deutlich erwärmt haben, haben es die Hummeln nicht geschafft, mit der Erwärmung mitzuziehen“.

Beliebte Hummelpflanzen

Wildpflanzen für Hummeln sind u. a.:

- Akelei,
- Alant,
- Beinwell,
- Borretsch,
- Distelarten,
- Dost,
- Fetthenne,
- Glockenblumen-Arten,
- Gundermann,
- Hahnenfuß-Arten,
- Herzgespann,
- Johanniskraut,
- Kapuzinerkresse,
- Klee-Arten,
- Kugeldistel,
- Lerchensporn.
- Löwenzahn,
- Lupine,
- Mädesüß,
- Melisse,
- Mohn-Arten,
- Nacht- und Königskerze,
- Phacelia
- Rotklee,
- Salbei,
- Schöllkraut,
- Skabiosen,
- Sonnenhut,
- Stockrose,
- Taubnesseln,
- Wiesenknopf.

Hummeln haben einen sehr langen Saugrüssel. Aus tiefkelchigen Blüten saugen sie Nektar. Da sie bereits ab 2 °C und bei leichtem Regen fliegen können, sind sie ein wichtiger Bestäuber und unverzichtbar für Kultur- und Wildpflanzen.

Als Kulturpflanzen gedeihen in Mischkultur mit anderen Pflanzenfamilien Schmetterlingsblütler wie Ackerbohne, Erbse, Bohne, Futterwicke, Winterwicke, Luzerne, Futteresparsette. Kreuzblütler wie Senf und Raps versorgen viele Insektenarten und sind im Garten als Gründüngung oder zur Bodenentgiftung geeignet. *Allium*-Arten wie Lauch, aber auch *Phacelia*, Borretsch, Rotklee, Johannisbeerarten, Stachelbeere, Brombeere, Himbeere und im Frühjahr alle Obstarten wie Apfel, Pfirsich, Birne, Kirsche, Zwetschge, Pflaume, Mirabelle und Aprikosen sind begehrt.

Vor allem im Hoch- und Spätsommer fehlen für Insekten ausreichende Blütenangebote. Spätblühende Himbeeren und lange blühende Brombeeren sind zu dieser oft blüharmen Zeit besonders wichtig und sie werden von Bienen, Hummeln und Co. bestäubt. Brombeeren und Himbeeren haben sehr viel Nektar und werden deshalb von Bienen und Hummeln gerne aufgesucht.

Schmetterlinge

In der Mythologie spielen Schmetterlinge eine bedeutende Rolle. Ihre Namen haben oft einen griechischen Ursprung, wie z. B. der Apollofalter. Bereits in der Antike galten Schmetterlinge als Sinnbild für Wiedergeburt, Unsterblichkeit und Auferstehung.

Tag- und nachaktive Schmetterlinge

Kleine Kinder und Erwachsene freuen sich über den Anblick des ersten Zitronenfalters im zeitigen Frühjahr. Doch auch sie sind längst Opfer des Strukturwandels von Landschaft und Landwirtschaft und der Verarmung von Pflanzenarten in den Gärten geworden. Für Schmetterlinge bedeutet die Überdüngung der Wildpflanzen den sicheren Tod. In Deutschland leben etwa 3.700 Schmetterlingsarten, rund 190 davon gehören zu den Tagfaltern. Wir treffen nur noch auf wenige Arten wie z. B. Tagpfauenauge, Zitronenfalter, Admiral, Kleiner und Großer Fuchs, Landkärtchen, Ochsenauge und Bläulinge.

Nachtaktive Schmetterlinge stehen im Schatten ihrer beliebten Verwandten, den Tagfaltern. Tatsächlich beträgt die Anzahl

Ein Taubenschwänzchen saugt Nektar einer Zinnie.

Die Blüte der Nachtkerze duftet nachts besonders stark und lockt Nachtfalter an.

der Nachtschmetterlinge 3.300 Falterarten und damit mehr als 95 Prozent der heimischen Schmetterlingsarten. Durch stark duftende Blüten werden die Nachtfalter angelockt und saugen den Nektar. Einige Pflanzen entfalten ihre Blüten erst am späten Abend oder duften nachts am stärksten, so zum Beispiel die Nachtkerze, Nachtviole oder das Geißblatt (*Lonicera*).

Raupen-Futterpflanzen

Ein reichhaltiges Nektarangebot lockt zwar Schmetterlinge in den Garten, doch sie bleiben nur, wenn wir uns gleichzeitig auch um ihre Raupen kümmern. Vergessen wir nicht: Ohne Raupen keine Schmetterlinge! Im Gegensatz zu den Faltern interessieren sie sich nicht für Nektar, sondern haben es auf Blätter einheimischer Pflanzen abgesehen. Während der Schmetterling eine Vielzahl unterschiedlicher Nektarquellen aufsucht, ist seine Raupe in Bezug auf ihre Futterpflanze schon wählerischer. So lebt die Raupe des Schwalbenschwanzes auf Doldenblütlern wie Wilde Möhre, Dill, Fenchel, oder Petersilie. Raupen von Schachbrett und Ochsenauge ernähren sich von Gräsern und die Larve des Mittleren Weinschwärmers hat sogar eine exotische Futterpflanze auf ihrem Speisezettel: Sie frisst auch die Blätter der Fuchsie.

Linke Seite: Trauermantel.

Ganzjährige Blütenpracht

Für den Permakulturgarten ist Artenvielfalt das A und O. Je größer die Artenvielfalt, umso weniger Probleme treten im Boden und bei Pflanzen auf. Im Zentrum permakulturellen Handelns steht die Kombination von Pflanzenfamilien im Gemüse-, Stauden- oder Blumenbeet. Diese Form von Mischkultur, in der sich Wild- und Kulturpflanzen fördern, ergänzen und gegenseitig gesund erhalten, steht gleichzeitig für eine ganzjährige Blütenpracht und präventiven biologischen Pflanzenschutz.

Für Steingarten oder Trockenmauer

Für Steingarten oder Trockenmauer können Pollen- und Nektarpflanzen für Biene, Hummel und Co. angelegt werden. Mehrjährige Stauden und Zwiebelpflanzen, die kaum Arbeit verursachen, deren Blühfreudigkeit zugleich unsere Sinne erfreuen, sollten in jedem Garten in Hülle und Fülle vorhanden sein:

- Berg-Steinkraut (*Alyssum montanum*),
- Dickblatt-Gewächse wie Fetthennen (*Sedum*-Arten), v. a. Felsen-Fetthenne (*Sedum reflexum*),
- Felsen-Steinkraut (*Alyssum saxatile*),
- Gänse-Schöterich (*Erysimum crepidifolium*),
- Korbblütler wie die Wollige Strohblume (*Helichrysum thianshanicum*),
- Kreuzblütler wie Blaukissen (*Aubrietia deltoidea*): an dieser Pflanze treffen sich die Männchen der Frühlings-Pelzbiene,
- Polster-Glockenblume (*C. portenschlagiana*) ist für Steingarten oder Trockenmauer besonders geeignet,
- Ranken-Glockenblume (*C. poscharskyana*),
- Schweizer Schöterich (*Erysimum helveticum*),
- Steinkraut (*Alyssum*-Arten).

Schneiden Sie erst im Frühjahr zu Beginn der Vegetationsperiode Stauden und Gehölze zurück. Markhaltige Stängel von Holunder, Brombeeren oder Rosen dienen Wildbienen als Brutmöglichkeit, im Sommer zum Schlafen oder auch zur Überwinterung; Vögel finden Samen und Insekten in abgeblühten Pflanzen.

Blütenpracht von Frühjahr bis Herbst

Diese Auswahl soll Ihren Garten verschönern und zur ganzjährigen Augenweide werden, die für Wildbienen, Hummeln und Schmetterlinge lebensnotwendig ist:

- Alpenaster,
- Alpenmohn,
- Alpenveilchen,
- Arabisches Bergkraut,
- Ästige Graslilie,
- Blaukissen,
- Blaustern,
- Blumen-Dost,
- *Calamintha nepeta*,
- *Calluna*- und Erika-Arten.
- Dunkle Polsterglockenblume,
- Edelweiß,
- Enzian,
- Färberkamille,
- Frühjahrs-, Sommer- und Herbstastern,
- Goldflachs,
- Grasnelke,
- Heidegünsel,
- Herbstkrokus,

- Herbstzeitlose,
- Katzen-Gamander,
- Katzenminze,
- Katzenpfötchen,
- Kresse,
- Krokus,
- Küchenschelle,
- Kugelblume,
- Lavendel,
- Lavendel-Ziest,
- Lerchensporn,
- niedrige Fetthenne,
- Polsternachtkerze,
- Polsterstauden,
- Primeln,
- Rosenwurz,
- Schneeheide,
- Sonnenröschen,
- Spanische Edeldistel,
- Spornblume,
- Steinkraut,
- Storchschnabel-Arten,
- Thymian,
- Traubenhyazinthe,
- Wildtulpe,
- Winterling,
- Wolfsmilcharten,
- Zwergalant,
- Zwergbohnenkraut,
- Zwerg-Ehrenpreis,
- Zwergflockenblume,
- Zwerg-Gamander,
- Zwerg-Goldrute.

Blumenbeete

Auch im Permakulturgarten gibt es außer Gemüse und Obst eine üppige Sommerblumenpracht mit langlebigen Stauden, die uns die Arbeit erleichtern:

- Bergflockenblume,
- Blutweiderich,
- Buschmalve,
- Duftnessel,
- Flockenblume,
- Gelenkblume,
- Glockenblume, alle Arten
- Indianernessel,
- Kandelaber-Ehrenpreis,
- Klatschmohn,
- Kornblumen,
- Lavendel,
- Mannstreu,
- Nachtkerze,
- Nachtviole,
- Odermennig,
- Phlox,
- Purpurdost,
- Purpurkratzdistel,
- Römische Kamille,
- Roter Sonnenhut,
- Rudbeckia,
- Skabiose,
- Sonnenblume,
- Sonnenbraut,
- Sonnenhut,
- Steppenkerze,
- Taglilie,
- Ungefüllte Blüten bei Rosen und Pfingstrosen.

Sommerflor

Dazu kommen einjährige Sommerblüher wie *Cosmea*, *Tagetes*, Zinnie, Schöngesicht (*Coreopsis tinctoria*), Ringelblume, Sommeraster und Sonnenblume.

Nahezu alle Blüten lassen sich auch in unseren Speiseplan integrieren. Ausnahmen sind u. a. giftige Arten wie Goldregen, Maiglöckchen, Fingerhut, Eisenhut, Hahnenfußgewächse, Akelei, Wolfsmilcharten, Goldregen oder Goldlack. Für Insekten sind diese Blüten ungiftig.

Heilkräuter

Bei unseren Wild- und Kulturpflanzen handelt es sich häufig um Heilpflanzen. Sie haben eine heilende Wirkung auf den Boden, wie z. B. Kapuzinerkresse und für uns Menschen und damit auch für Insekten oder Wirbeltiere. Bei Wildpflanzen sind Pollen und Nektar unverändert, keine Hybriden und deshalb besonders wertvoll.

Wildpflanzen

Viele Wildpflanzen bevorzugen einen kargen, mageren Boden. In einem seit Jahrzehnten gedüngten Gartenboden gedeihen keine Wildpflanzen, außer stickstoffabbauenden Pflanzen, wie Klettenlabkraut, echte Nelkenwurz oder Brennnessel. Selbst die Umwandlung einer Rasenfläche in eine Wildblumenwiese erfordert zuvor das Entfernen des Rasens und das Abmagern mit Sand. (s. Verzeichnis Wildblumenwiese). Damit haben Kuckuckslichtnelke, Margerite, Braunelle, Günsel, Nachtkerze, Gänsefingerkraut, Wiesenglockenblume, Kleearten, Wiesenschaumkraut, Wegwarte, Natternkopf und viele andere Wildpflanzen eine Chance. Das wäre ganz im Sinne von Insekten.

Neues und altes Gartenwissen

Es gibt ein riesiges Interesse an Seminaren und Vorträgen zum Thema Garten. Meine Seminare über das Kompostieren sind zum Beispiel seit Jahren regelmäßig ausgebucht. Viele Menschen mit Garten wollen sich gesund ernähren und schauen skeptisch auf die Industrieprodukte mit ihren Zusatzstoffen. Doch um in die Praxis starten zu können und um unnötige Fehler zu vermeiden braucht es ein wenig Theorie. Profitieren Sie von dem Wissen aus alten Zeiten, wie es in den Klostergärten noch ganz selbstverständlich Anwendung fand. Lernen Sie, wie Böden gesund gehalten werden können und wie Pflanzen durch Mischkultur und den Einsatz von Kräuterjauchen gesund heranwachsen.

Boden – mit großer Bedeutung

Der Boden und alles, was mit ihm zusammenhängt, ist die Basis für das gute Gedeihen all Ihrer Pflanzen. Aus diesem Grunde möchte ich Ihnen zunächst vermitteln, welche Prozesse im Boden ablaufen und wie Sie in Ihrem Garten ein lebendiges Bodenleben fördern können.

Bewusstsein schärfen

Die Bedeutung von Luft und Wasser ist uns allen meist bewusster als die des Bodens. Natürlich, Luft und Wasser sind schließlich überlebensnotwendig – aber der Boden? Er ist etwas Alltägliches: Wir gehen darüber, wir bebauen ihn – dabei machen wir uns im Grunde keine Gedanken über ihn. Dabei führt nahezu jeder menschliche Eingriff zu ökologischen Auswirkungen auf das vielschichtige System Boden: Mit unserer Bebauung versiegeln wir den Boden und aufgrund falscher Anbaumethoden zerstören wir dessen Struktur. Beides belastet ihn zudem mit Schadstoffen. Wer im Besitz eines Grundstücks ist,

muss mit dem Boden leben und arbeiten, den er vorfindet. Mit Bodenvorbereitung, Bodenpflege und der Berücksichtigung anderer Faktoren lassen sich aber aus jedem zunächst noch so problematischen Boden im Laufe mehrerer Jahre hervorragende Ergebnisse erzielen.

„Böden sind ‚endlich'". Wir können die Nutzung von Böden verändern und sie qualitativ beeinflussen, aber wir können keinen Boden schaffen."

Maria Krautzberger
Deutsches Umweltbundesamt (UBA), Jahresbericht 2014

Blick auf die Welt Mehr als 90 % der weltweiten Nahrungsmittelproduktion sind direkt vom Boden abhängig. Der Boden hat auch für die Artenvielfalt größte Bedeutung. Jede Überdüngung vernichtet viele Arten – sowohl von Flora wie von Fauna. Böden sind weltweit eine bedrohte Ressource, die nicht erneuerbar ist. Fruchtbare Böden werden in vielen Kriegsgebieten zerstört, vergiftet und können nicht mehr bewirtschaftet werden. Sei es, weil Waffen und Munitionen den Boden und damit auch das Grundwasser verseuchen oder Minen über Jahrzehnte im Boden lagern und ihn unbetretbar machen. Doch selbst ohne die vielen Kriegsgebiete liegen die Bodenverluste von fruchtbarem Boden pro Jahr bei sechs Millionen Hektar. Falsche landwirtschaftliche Nutzung, Versiegelung, Überbauung und Schadstoffeinträge sind die Ursachen für die Bodenverluste. Da wir ein steigendes Bevölkerungswachstum haben, benötigen wir aber immer mehr fruchtbaren Boden, um die Ernährung und die Energieversorgung mit nachwachsenden Rohstoffen sicherzustellen. Tatsächlich verlieren wir jedoch weltweit Böden, sodass die Schere zwischen Anbauflächen und Nahrungsmittelbedarf immer weiter aufgeht.

Die verbliebenen, fruchtbaren Böden werden dann zu noch höheren Ertragssteigerungen herangezogen, bis sie ausgelaugt sind.

Um Erträge zu steigern, werden in vielen Ländern wie Spanien oder USA (speziell Kalifornien) die Anbauflächen permanent bewässert, sodass nach vielen Jahren die Böden versalzen und damit für immer unfruchtbar geworden sind.

Linke Seite: Ackerfläche mit offenem dunklem Boden: Nach der Ernte sollte sofort gemulcht und der Boden so bedeckt und geschützt werden.

Was ist überhaupt Boden?

Boden ist das Ergebnis von Verwitterungsprozessen sowie menschlichen Einflüssen und bildet die oberste Schicht der Erdrinde. Sie besteht aus Gestein, das unterschiedliche Mineralien aufweist. Pflanzen, die zu den Bodenbewohnern gehören, stellen den fruchtbaren Boden selbst her: Sie greifen den Gesteinsuntergrund an, lösen Minerale heraus und beschleunigen dadurch aktiv die chemischen Verwitterungsprozesse des Gesteins. Die Entwicklung unserer Böden ist nie abgeschlossen.

Folgende fünf Faktoren werden in der Bodenkunde für die Bodenbildung verantwortlich gemacht:

- Das Klima hat mit Niederschlägen, Wasserhaushalt und Temperatur eine zentrale Bedeutung.
- Alle Pflanzen und Tiere tragen zur Bodenbildung bei: Regenwürmer, Bakterien, Pilze und Kleinstlebewesen bilden die Basis für einen fruchtbaren Boden.
- Große Ebenen, wie zum Beispiel die Poebene oder die niederbayerische Kornkammer in der Gegend von Straubing, zeichnen sich durch fruchtbare, tiefgründige Böden aus. Die Wasserspeicherung ist hierbei äußerst verschieden.
- Jeder Boden hat ein unterschiedliches Ausgangsmaterial und eine ganz eigene chemische Zusammensetzung, die auch den pH-Wert und den Nährstoffgehalt bestimmt. Sandige, lehmige oder tonige Böden entstehen so aufgrund ihres Basismaterials.
- Zeit ist ein spezieller übergeordneter Einflussfaktor, der auf die Bodenentwicklung einwirkt und für die Verwitterungsprozesse immer wirksam ist. Die überwiegende Zahl der Böden in Mitteleuropa hat sich nach der letzten Eiszeit, also vor ca. 10.000 Jahren entwickelt: Die Gesteinszersetzungen und Weiterentwicklung der Böden dauern an.

Rechte Seite: Unterschiedliche Bodenhorizonte bzw. Bodenschichten sind deutlich erkennbar: Humus-, Lehm- und Tonschichten im Profil.

Unsere Bodenarten

Sand-, Lehm- oder Tonböden kommen in unseren Breiten am häufigsten vor. Allerdings finden wir in unseren Gärten meist eine Mischung dieser Böden, da es selten reine Vorkommen gibt. Sicher sind Sie interessiert zu wissen, welche Bodenarten Sie in Ihrem Garten haben? Mit zwei einfachen Tests können Sie bereits viel über Ihren Boden herausfinden.

Der Krümeltest

Entnehmen Sie an einer Stelle im Garten mit dem Spaten aus etwa 20 cm Tiefe ungefähr eine Handvoll Boden. Entfernen Sie alle Pflanzenteile. Die Erdmasse sollte weder ganz nass noch zu trocken sein. Nehmen Sie nun etwas Erde in die Hand und pressen Sie sie kurz zusammen. Öffnen Sie die Hand – und vergleichen Sie die Erde mit der folgenden Tabelle.

Was passiert beim Krümeltest?	Anteil an Feinerden	Bodenart
Boden rieselt durch die Finger	0–5 %	Sand
Boden krümelt durch die Finger	5–20 %	Lehmiger Sand
Boden krümelt (etwas grober)	6–12 %	Humoser Sandboden
Boden bröckelt durch die Finger	20–30 %	Sandiger Lehm
Boden ist formbar, zerbricht in der Hand	30–40 %	Lehm
Boden ist formbar, zeigt Risse beim Zusammendrücken	40–50 %	Schwerer Lehm mit Tonanteilen
Boden ist stabil modellierbar	50 %	Ton

Bodenqualitäten Die verschiedenen Bodenarten haben ganz unterschiedliche Qualitäten:

- Sandige Böden erwärmen und kühlen sich schnell ab, besitzen neben vielen sauerstoffhaltigen Hohlräumen eine gute Wasseraufnahme-, aber nur eine geringe Wasserspeicherfähigkeit.
- Humose Sandböden können Wasser gut speichern, sie erwärmen sich schnell, trocknen an der Oberfläche aber relativ schnell aus. Sie sind bester Kulturboden.
- Lehmige Sandböden sind für unsere Kulturpflanzen gut geeignet, sie erwärmen sich aber nicht sehr gut und die Speicherfähigkeit für Wasser ist begrenzt.
- Reine Lehmböden sind schwere Böden, die sich langsam erwärmen und nicht gut durchlüftet sind, ihre Wasserspeicherfähigkeit ist gut.
- Sandige Lehmböden sind besser durchlüftet als reine Lehmböden und ihre Speicherfähigkeit für Wasser ist ebenfalls gut.

Die Schlämmprobe

Die Schlämmprobe bietet Ihnen Aufschluss über die Zusammensetzung des Bodens, zum Beispiel über den Humusanteil, der für die Lebendigkeit und Fruchbarkeit des Bodens steht, aber auch über andere Bodenbestandteile wie Sand oder Ton.

Geben Sie dazu eine Handvoll Gartenerde in ein Glas und fügen Sie dann die 3-fache Wassermenge hinzu. Rühren Sie die Flüssigkeit so lange um, bis keine Klümpchen mehr vorhanden sind. Sobald das Wasser klar ist, können Sie die geschichteten einzelnen Bodenbestandteile gut ablesen: Die größeren Bestandteile liegen zuunterst, dann folgen grobe, dann feine Sanderde, Feinerde, eine Wasserschicht und zuoberst die Humusschicht.

Linke Seite: Machen Sie den Krümeltest: So bestimmen Sie, welchen Bodentyp Sie im Garten haben und erfahren, wie Sie ihn ggf. verbessern können.

Schlämmprobe in einem großen Glas

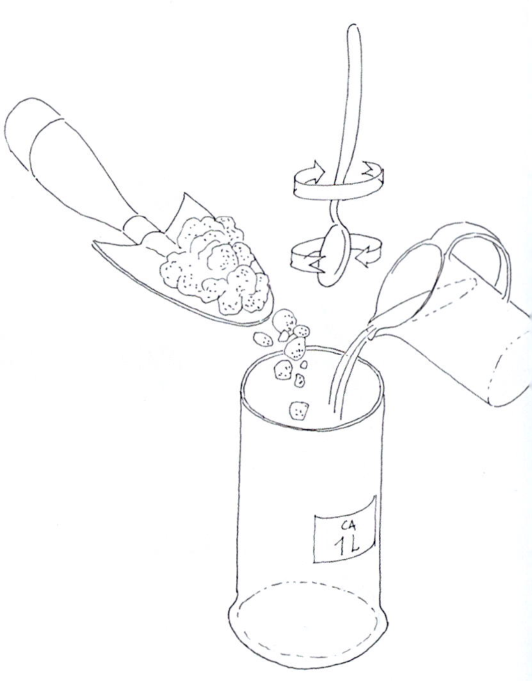

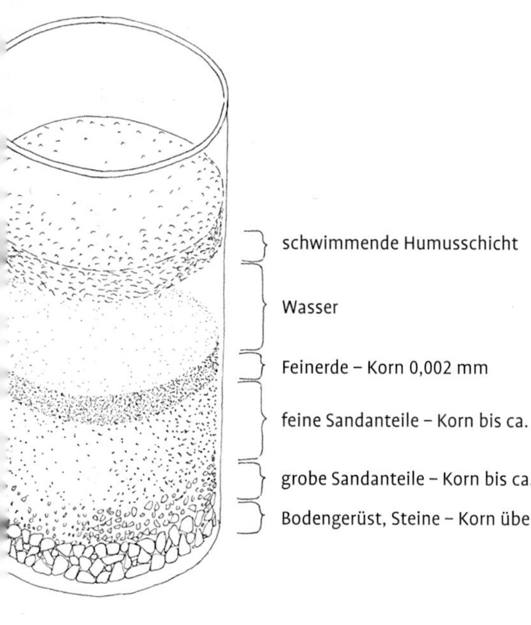
schwimmende Humusschicht
Wasser
Feinerde – Korn 0,002 mm
feine Sandanteile – Korn bis ca. 0,06 mm
grobe Sandanteile – Korn bis ca. 2 mm
Bodengerüst, Steine – Korn über 2 mm

Ideal für den Garten

Der ideale Gartenboden hat einen hohen Humusanteil. Gut geeignet für den Nutzgarten ist zum Beispiel ein sandiger Lehmboden, der Wasser sowohl gut aufnehmen als auch speichern kann. Solche Böden sind gut mit Sauerstoff versorgt und können Nährstoffe speichern, wie sie für die Pflanzen erforderlich sind. Bestimmt werden die Boden- und Humusqualitäten von organischen und mineralischen Ablagerungen, die Einfluss auf den pH-Wert des Bodens haben, und besonders auch vom Wassergehalt. Der Boden sollte eine stabile Krümelstruktur aufweisen.

Den pH-Wert überprüfen

Wie gut ein Boden Nährstoffe aufnimmt, ist vom pH-Wert abhängig. Dieser Wert sagt aus, ob der Boden sauer oder alkalisch ist. Bei zu niedrigem pH-Wert kann die Pflanze Nährstoffe nicht aufnehmen. Sie können den pH-Wert Ihres Bodens ganz einfach überprüfen:

Im Gartenfachhandel oder in der Apotheke erhalten Sie einen pH-Bodentest mit Teststäbchen oder Bodenprobetabletten. Geben Sie einige Esslöffel voll Erde in ein Glas, die Sie vorher in 5–20 cm Tiefe und aus unterschiedlichen Bereichen Ihres Gartens (Gemüsebeetes) entnommen haben. Nun gießen Sie mit Wasser auf, rühren um, warten einige Zeit und geben dann Stäbchen oder Tablette in die Flüssigkeit. Wenn sich die Farbe ändert, können Sie sie mit der im Päckchen beigefügten Tabelle vergleichen. Werte zwischen 6,5 und 7,2 bewegen sich im neutralen Bereich. Die meisten Gartenpflanzen bevorzugen neutrale Lösungen, da die feinen Wurzeln dann die Bodennährstoffe am besten aufschließen können.

Der pH-Wert kann im Gemüsebeet völlig anders sein als in Blumen- oder Gehölzbereichen. Sie können auch mehrere Tests aus verschiedenen Gartenbereichen machen, um Ihr Düngeverhalten darauf einzustellen.

Um den pH-Wert Ihres Bodens zu bestimmen, nehmen Sie eine Probe in etwa 5–20 cm Tiefe an verschiedenen Stellen Ihres Gartens.

Spärlich bepflanzte Beete sollten Sie unbedingt mulchen, damit Feuchtigkeit im Boden bleibt und Sie nicht unnötig gießen müssen.

Bodenproben ziehen Wenn Sie den Garten erst übernommen haben und dieser vorher intensiv bewirtschaftet wurde, sollten Sie aus dem Gemüsebeet Bodenproben ziehen.
Lassen Sie diese auf Phosphor, Kali, Stickstoff und Magnesium untersuchen. Die meisten Gartenböden sind übrigens stark überdüngt.
Bodenproben können Sie in einem Bodenuntersuchungslabor oder einer Forschungsanstalt in Ihrer Nähe untersuchen lassen.

» *Das Allheilmittel für den Gartenboden heißt Kompost. Kompost ist nicht nur der beste Zusatz für alle Böden, sondern auch der günstigste. Er verändert den pH-Wert des Bodens ins Basische.*

Aufbau des Bodens

Auffällig ist der Aufbau der Böden in verschiedenen Schichten, den sogenannten Horizonten (siehe Seite 142). Horizonte sind Bereiche der Böden, die parallel zur Erdoberfläche verlaufen und durch bodenbildende Prozesse entstanden sind. Verschiedene Horizonte weisen auch unterschiedliche Eigenschaften auf. Ihre Tiefe hängt von geographischen Bedingungen, Klima, Temperatur, Regen, Oxidation, Bewirtschaftungsweise und Nutzung ab, ebenso die Bodenstruktur. Unser Boden besteht aus A-, B- und C-Horizonten und dem Oberboden, dem O-Horizont:

- O-Horizont: Oberboden über dem A-Horizont, organisches Material wie Laub, Zweige, Streu oder abgestorbene Pflanzen
- A-Horizont: dunklerer Boden, durchwurzelt, stark belebt (Lebenszone/Edaphon)
- B-Horizont: heller gefärbte Verwitterungsschicht, Mineralien, Silikate, Ton etc. (Rotlage)
- C-Horizont: *unbelebter* Untergrund, Steine, Sandgemische

Alle Bodenorganismen und die gesamte Boden-Fauna leben jeweils in einem bestimmten Lebensraum, in einer bestimmten Bodentiefe – und nur in diesem können sie leben. Auch deshalb kann das Umgraben im Garten oder das Pflügen auf dem Acker große Auswirkungen auf die Boden-Fauna haben.

Lebendiger Boden

Die physikalischen, chemischen und biologischen Abläufe sind von vielen Faktoren wie Klima, Wetter, Bodenbearbeitung, Vegetation, Artenvielfalt und vor allem von den Mikroorganismen, Pilzen, Bodentieren und Regenwurmarten beeinflusst.

Der Oberboden ist eine sehr lebendige Ebene und beherbergt allerlei Regenwürmer, Spinnen, Schnecken und Käfer. Bakterien leisten auch hier ihr Werk der Zersetzung und Umarbeitung von Material, sodass Stickstoffverbindungen, Mineralstoffe und andere Stoffwechselprodukte freigesetzt werden. Die Umwandlung wird von Bodenorganismen wie Mikroben, Schimmelpilzen, Strahlen- und Hutpilzen unterstützt, die Holzstoffe, Laub, aber auch tote Kleinstlebewesen zersetzen.

Je nach Zusammensetzung kann diese äußerst fruchtbare Ebene entweder Nähr- oder Dauerhumus sein.

Fleißige Bodenlebewesen Alle im Boden lebenden Organismen und Mikroorganismen bezeichnet man als *Edaphon*. Die Masse des Edaphons kann 10 t/ha betragen. 10 t enthalten etwa:

- 40 % Pilze
- bis zu 30 % Bakterien
- bis zu 10 % Algen und tierische Einzeller
- bis zu 25 % mehrzellige Bodentiere

» Alle Bodenlebewesen gelten übrigens als Umweltindikatoren. Nicht nur Bienen reagieren auf chemische Produkte und Spritzmittel – auch Bodenorganismen sind nach dem Eintrag von Herbiziden nicht mehr nachweisbar.

Linke Seite: Regenwürmer sind unsere wichtigsten Helfer im Garten und nicht zu verwechseln mit dem Kompostwurm, der ausschließlich im Kompost lebt.

Typische Bodenhorizonte (O, A, B, C)

① Pflanzenbewuchs
② Streuschicht
③ Humusschicht: dunkler Boden, stark belebt, Lebenszone Edaphon
④ Rotlage: heller gefärbte Verwitterungsschicht mit Mineralien, Silikaten und Tonen
⑤ „unbelebter" Untergrund: Steine, Sandgemische

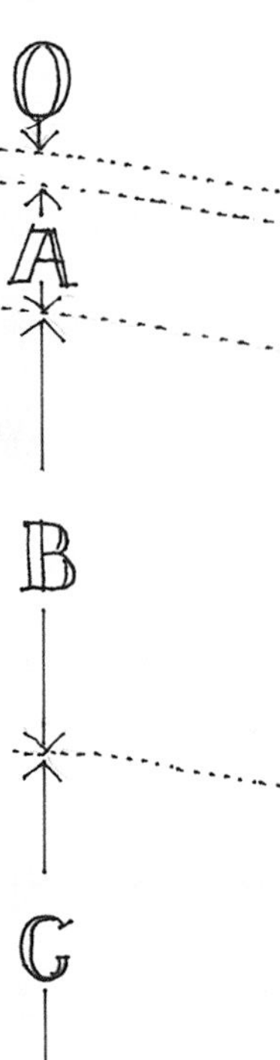

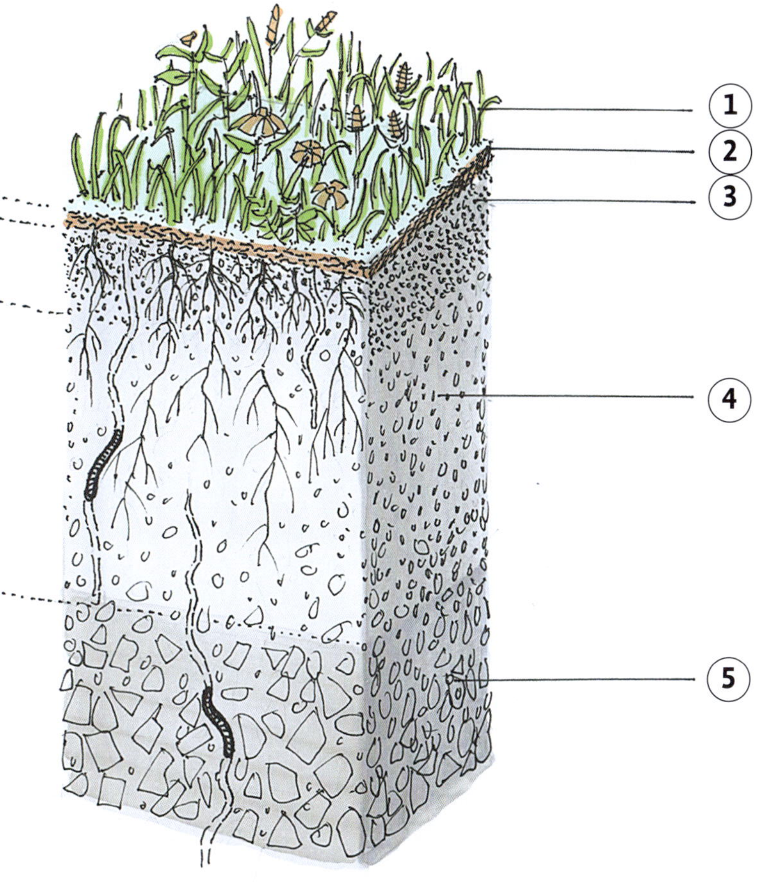
1
2
3
4
5

Ohne ihn geht es nicht: Humus

Humus ist die Gesamtheit aller abgestorbener Substanzen pflanzlicher und tierischer Herkunft im Boden. Wie viel Humus sich bilden kann, hängt von dem Leistungsvermögen der Bodenmikroorganismen und Bodentiere ab – also unmittelbar von unserer Bodenpflege, wie zum Beispiel Gründüngung und Mulchen.

Wer leistet was im Boden?

Die Bodenlebewesen gestalten die Struktureigenschaften des Bodens. Verrottende Materialien, auch Mulch wie Grasschnitt, Häcksel aus Pflanzenresten und Strauchschnitt, Stroh- und Heureste werden durch ihre Arbeit zu Nährstoffen. Andere Organismen leben von den nährstoffreichen Ausscheidungen der „Zerkleinerer“, wie z. B. Bakterien, die aus deren Hinterlassenschaften mineralische, für die Pflanzen verfügbare Nährstoffe machen. Im unterirdischen Reich bleiben aber die Bakterien nicht verschont, denn sie werden von Einzellern „verarbeitet“ und diese passen wiederum in das Fressschema von Asseln, Laufkäfern und Spinnentieren. Auf dem Speiseplan von Vögeln und Kleinsäugetieren stehen Asseln, Springschwänze, Spinnentiere und Regenwürmer. Der Naturkreislauf ist also in sich geschlossen.

Aufgabenverteilung

Die Zersetzungs- und Umwandlungsprozesse von Laub, Pflanzenresten und tierischen Resten in Humus werden also von vielen Organismen in Einzelschritten geleistet. Wir sollten uns immer wieder bewusst machen, dass Humus die Lebensgrundlage für das Wachstum aller Pflanzen ist.

- Bakterien leisten die Hauptarbeit, indem sie organische Substanzen umsetzen.
- Mikroorganismen bauen Kohlenhydrate ab, zersetzen Eiweiß und sind am Stickstoff-Kreislauf beteiligt. Sie fördern allgemein das Bodenleben.
- Algen besiedeln den Boden als erste und fördern die biologische Verwitterung mineralischer Böden.
- Mykorrhiza-Pilze leben auf toter, organischer Masse und sind an allen Abbauvorgängen beteiligt. Häufig leben sie symbiotisch mit Pflanzen bzw. an deren Wurzeln. Sie sind ein positives Beispiel für Wechselwirkungen und Gesamtzusammenhänge der Permakultur.
- Milben leben in großer Anzahl im Boden, es gibt verschiedene Arten. Ihre Leibspeise sind Pflanzenreste, Bakterien, Pilze, Algen und Ausscheidungen anderer Organismen.
- Asseln zersetzen Pflanzenteile.
- Springschwänze sind – wie schon der Name sagt – sehr sprungfreudig. Sie sind flügellos und fressen Pflanzenreste, Pilze, Aas und Ausscheidungen anderer Organismen.
- Tausendfüßler zersetzen und vertilgen Pflanzenreste.

Rechte Seite: Baumwurzeln arbeiten symbiotisch mit den Pilzwurzeln, Mykorrhizen, zusammen und ergänzen sich ideal durch den Austausch und die Bereitstellung von Nährstoffen und Wasser.

Pilze fürs Leben

Faszinierend sind Mykorrhiza-Pilze. Das dichte Geflecht ihrer *Mykorrhiza* liefert den Wurzeln von Bäumen, Sträuchern oder Stauden Nährstoffe und Wasser. Die Pilze verarbeiten die Stoffe, die die Pflanzen durch die Fotosynthese herstellen. Mykorrhiza-Pilze können Wasser und Mineralstoffe für Pflanzen verfügbar machen. Sie leisten mit ihrer Arbeit für die Pflanzen ober- und unterirdisch einen Schutz vor Schädlingen, wie zum Beispiel vor Pilzinfektionen oder auch vor Blattläusen, und sie erhöhen die Trockenresistenzen der Pflanzen. Mykorrhiza-Pilze können Pflanzenhormone aussenden, die das Wurzelwachstum fördern. Da der Pilz in und um die Pflanzenwurzeln wächst, erweitert sich das gesamte Wurzelsystem und die Pflanze kann mehr Mineralien und Wasser aufnehmen.

Da ist der Wurm drin

Wissen Sie, wer aber unser wichtigster Helfer zum Humusaufbau ist? Es ist – natürlich – der Regenwurm. In Deutschland und der Schweiz gibt es etwa 40 Regenwurmarten, in Österreich wurden etwa 60 nachgewiesen, in Europa sind 400 Arten und weltweit etwa 3000 bekannt. Das Besondere dieser Spezies ist, dass sie ganz verschiedene Lebensbedingungen haben. Einige leben ganz nah an der Oberfläche, manche bauen ihre Röhren hori-

Regenwurmkot Dieser ist sehr wertvoll, denn er beinhaltet ein Vielfaches an Nährstoffen als der ihn umgebende Boden:

- 11 x mehr Kalium,
- 7 x mehr Phosphor
- 5 x mehr Stickstoff
- 2,5 x mehr Magnesium.

zontal, andere vertikal in den Boden. Ihre Röhren kleiden sie mit Schleim und Kot aus. Die nährstoffreichen Röhren werden daher gerne von Pflanzenwurzeln benutzt.

Regenwürmer fressen organisches Material sowie kleine Bodenpartikel und bilden den wertvollen Ton-Humus-Komplex. Mit den aufgenommenen Bodenpartikeln werden auch Bakterien, Pilze oder Einzeller verzehrt. Dadurch können Regenwürmer schädliche Mikroorganismen reduzieren oder sogar ganz vernichten. Die Regenwurmröhren sorgen zudem für die nötige Sauerstoffversorgung im Boden und sind wichtig für dessen Wasseraufnahme. Regenwürmer schaffen für viele andere Lebewesen beste Bedingungen mit ihren Ausscheidungen.

Regenwürmer brauchen für ihre Arbeit ständig Pflanzenreste oder Mulchmaterial, das sie in ihre Röhren ziehen und dort verdauen können.

» Ein hoher Besatz an Regenwürmern scheint Nacktschnecken zu vertreiben. Je mehr Regenwürmer sich im Boden befinden, desto weniger Schnecken gibt es. Ein geringer Schneckenbesuch weist auf einen humosen Boden hin.

Linke Seite: Gesunde Pflanzen im Gemüsebeet. Hier sind sicher auch Regenwürmer und andere Bodenorganismen am Werk, die Nährstoffe für die Pflanze nutzbar machen und so für üppiges Wachstum sorgen.

Artenvielfalt fördern

Jede Pflanzenart ist für das Ökosystem ein Zugewinn und erhöht sowohl dessen Biomasse-Ertrag als auch allgemein die Bodenfruchtbarkeit. Jeder Verlust dagegen kann die Produktivität des Gesamtsystems langfristig herabsetzen. So die Ergebnisse von Langzeitstudien.

Aktiver und lebendiger Boden

Um die Anzahl und Aktivität von Bodenlebewesen zu fördern, bedarf es einer großen Artenvielfalt an Pflanzen. Und dazu gehören vor allem die von vielen Gärtnern nicht so geschätzten Wildpflanzen – häufig immer noch *Unkraut* genannt. Die Vielfalt an Pflanzen fördert nicht nur die Bakterienmenge im Boden, sondern auch die Anzahl von Springschwänzen oder Milben. Das Ergebnis ist ein aktiver und lebendiger Boden, der sowohl für das Pflanzenwachstum als auch die Pflanzengesundheit vorteilhaft ist. Diese biologische Vielfalt nennt man auch Biodiversität. Eine verarmte Pflanzenschicht dagegen kann das Leben im Boden empfindlich stören und aus dem Gleichgewicht bringen.

Das Bodenleben wird ebenso durch Mikroorganismen gefördert. Sie sind unter anderem zuständig für die Nährstoffverfügbarkeit. Alle Pflanzenarten fördern mit ihren Wurzelausscheidungen nämlich auch ihr umgebendes Bodenleben.

Blühende Knoblauchsrauke ist eine Zeigerpflanze für Stickstoff und äußerst schmackhaft, wie auch Taubnessel, Spitzwegerich, Nachtkerze, Lungenkraut, Hirtentäschel oder Käsepappel.

Rechte Seite: Ohne Herbizide und anderen Pestiziden wachsen in Getreidefeldern – je nach Getreideart und Boden – entweder Mohn, Kornblume, Frauenspiegel, Kornrade, Acker-Stiefmütterchen oder Kamille. All diese Pflanzen haben eine heilende Wirkung für den Boden.

1 x 1 der Bodenpflege

Jeder Boden lässt sich verbessern. Und auch wenn Ihr Boden heute noch nicht optimal ist, können Sie ihn durch Mulchen oder Gründüngung wieder aufbauen. Beides dient nicht nur dem Bodenschutz, sondern ist für das gesamte Bodenleben und die Bodengesundheit wertvoll.

Mulchen ist Grundpflege

Mulchen sollten Sie als die Grundpflege Ihres Gartenbodens ansehen. Vor allem auf Ihren Gemüsebeeten gilt es, den Boden stets abzudecken. Als Mulchmaterial eignet sich außer Rindenmulch jedes andere organische Material – also Gartenabschnitte, Stroh oder grober Kompost. Mulch ermöglicht eine bessere Bewurzelung der Pflanzen und lockert auf Dauer das Bodengefüge. Ihr Ziel sollte sein, für eine bessere Bodenbelüftung und Wasserführung zu sorgen. Nur so erhält der Boden eine krümelige Struktur. Allerdings sollte die Mulchschicht nicht zu dick und zu feucht sein, denn das könnte Nacktschnecken anlocken, da sie verrottendes Material bevorzugen.

Für mich ist Strohmulch eines der wertvollsten Mulchmaterialien. Nicht nur, dass dadurch die Bodenfeuchtigkeit sehr gut gehalten wird, es trägt erheblich zur Humusbildung bei und der Boden bleibt beschattet. Es wirkt sowohl in heißen, trockenen als auch nassen Sommern ausgleichend auf den Boden. Für alle Bodenlebewesen bietet es einen ausgezeichneten Lebensraum. Stroh ist zudem antibakteriell. Verwenden Sie aber ausschließlich biologisches Stroh, das nicht mit Halmverkürzungsmitteln gespritzt wurde.

Vorteile des Mulchens

- Mulchen unterdrückt das Auflaufen von Wildkräutern.
- Mulchen wirkt positiv auf die Bodenorganismen. Diese bleiben länger aktiv und sorgen für beste Pflanzengesundheit.
- Mulchen ist bodenverbessernd.
- Mulchen bietet Futter für alle Bodenlebewesen.
- Mulchen erhält die Bodenfeuchtigkeit und stoppt die Verdunstung.

Wenn Sie Ihre Erdbeeren auf Bio-Stroh betten, beugen Sie der Grauschimmelfäule (Botrytis) vor und können sich auf delikate rote Früchte freuen.

Gründüngung ist mit dem schönen Inkarnatklee besonders sehenswert. Auch *Phacelia*, Gelbsenf oder Ringelblumen sind für den Boden und Insekten nützlich.

» Im Frühjahr kann Mulchmaterial aber die Bodenerwärmung verhindern. Sobald Sie also Ihre Beete vorbereiten, geben Sie das Mulchmaterial besser zum Kompost.

Gründüngung zwischendrin

Das Prinzip der Gründüngung war bereits in den Klostergärten des 12. Jahrhunderts eine ganz übliche Praxis. Gründüngung ist die perfekte Bodenpflege. Geeignet sind zum Beispiel *Phacelia*, Buchweizen, Gelbsenf, Lupinen, Wicken, Perser- und Alexandrinerklee, Serradella oder Inkarnatklee. Gründüngung kann auf alle leeren Flächen, aber auch zwischen Dauerkulturen von Beerensträuchern, zwischen Rosensträucher und vor allem auf die Baumscheiben ausgebracht werden.

Gründüngung kann als Vorfrucht oder zum Ende der Gartensaison als Nachfrucht und sogar bis in den späten Herbst hinein ausgebracht werden. Im Herbst ausgebrachte Gründüngung bleibt über den Winter stehen. Die nicht frostharten Pflanzen frieren ab und werden dann im Frühling in die obersten 5 cm der Bodenschicht eingearbeitet. Es gibt aber auch winterharte Gründüngung, die erst bei Bedarf gemäht wird. Gründüngung verbessert nicht nur die Bodenstruktur, sondern trägt zum Humusaufbau bei und erhöht die Humusversorgung der Pflanzen. Beim Verrottungsprozess entstehen zudem organische Säuren, die Nährstoffe wie Eisen und Phosphat aufschließen können, sodass sie den Pflanzen zur Verfügung stehen.

» Gründüngungspflanzen blühen schnell auf und bieten den Insekten reichlich Nektar und Pollen. In blütenarmen Gegenden oder zu Zeiten, wenn es noch kaum andere Blüten gibt, können sie für Bienen, Schmetterlinge und Hummeln daher lebenswichtig sein.

Die Leguminosen

Die Pflanzenfamilie der Leguminosen (Schmetterlingsblütler), zu denen Bohnen, Erbsen und alle Kleearten gehören, lebt mit ihrem Wurzelsystem in Symbiose mit den sogenannten Knöllchenbakterien, die Stickstoff speichern. Aus diesem Grund eignen sich Leguminosen hervorragend als Gründüngung. Mithilfe der Knöllchenbakterien können diese Pflanzen 78 % Stickstoff aus der Luft gewinnen und speichern. Beim Verrotten der Pflanzen bleibt der Stickstoff im Boden und ist dort als Dünger für andere Pflanzen verfügbar.

Leguminosen sind zum Beispiel Sommerwicke, Gelbe Lupine, Blaue Lupine, Weiße Lupine, Persischer Klee, Winterzottelwicke, Serradella und Inkarnatklee.

Die Klassiker

Es gibt aber noch einige andere klassische Gründüngungspflanzen wie Gelbsenf, *Phacelia*, Studentenblume, Ringelblume, Ölrettich und Spinat. Wenn Sie einen sehr schweren und verdichteten Boden verbessern wollen, empfehle ich Ihnen Tiefwurzler zur Gründüngung: also Lupinen, Gelbsenf, Landsberger Gemenge, Ackerbohne, Perserklee, Rotklee, Steinklee, Ölrettich und Winterraps.

Diese Pflanzen bilden eine sehr tief reichende, fleischige Pfahlwurzel aus, die nebenbei den Boden lockert und belüftet.

Gründüngung Für die Gründüngung kommen sehr unterschiedliche Pflanzen infrage, die schnell keimen, wachsen und möglichst viel Blattmasse erzeugen. Man kann sie schon nach wenigen Wochen wieder abmähen. Sie dienen dann entweder auf dem Kompost oder aber auch eingearbeitet in das Beet als schnell verfügbarer Dünger.
Ebenso gut kann das Schnittgut für etwa zwei Wochen auf dem Beet liegen bleiben. Man arbeitet anschließend die angerotteten Pflanzenreste oberflächlich in den Boden ein. Die wichtigen Bodenlebewesen übernehmen dann die übrige Verwertung.

Einige Tipps

Achten Sie darauf, dass Ihre Gründüngungspflanzen nicht aus der gleichen Familie stammen wie die nachfolgenden Kulturpflanzen. Pflanzen Sie keine Kreuzblütler oder Hülsenfrüchtler hintereinander: nicht Raps und Ackersenf vor Kohlarten oder Lupinen vor Erbsen oder Bohnen.

Gelbsenf bildet eine Ausnahme: Er darf als Vorfrucht gesät werden, auch wenn anschließend Kohlsorten gepflanzt werden. Gelbsenf gehört zwar zur Familie der Kreuzblütler, zählt aber zu den Senfgewächsen. Bei Gelbsenfaussaat besteht für die Kohlgewächse keine Gefahr der Kohlhernie. Es sollte aber kein Rettich danach angebaut werden.

Gelbsenf als Gründüngung können Sie im Frühjahr, Sommer oder Herbst ausbringen.

Gründüngung ...

- beschattet den Boden und bewirkt Schattengare.
- ist Nährhumus für Folgekulturen.
- unterdrückt das Wachstum von Wildkräutern.
- verhindert Bodenerosion durch Wind und Niederschlag.
- verbessert die Krümelstruktur des Bodens.
- lockert den Boden.
- verbessert die Wasserspeicherfähigkeit eines Bodens.
- reguliert Temperaturschwankungen im Bereich der Bodenoberfläche.
- begrünt kahle Flächen.
- verbessert die Besiedelung mit wichtigen Bodenlebewesen.
- verhindert Stickstoffauswaschung.

Linke Seite: Eine vorangegangene Gründüngung sorgt für ausreichend Stickstoff im Gemüsebeet und lässt Bohnen oder Salate üppig wachsen.

Fruchtbare Erde

Jeder Gärtner sollte versuchen, seinen Gartenboden in einen fruchtbaren Dauerhumus umzuwandeln. Im Gegensatz zum Nährhumus, der der unmittelbaren Ernährung der Pflanzen dient, soll der Dauerhumus auf längere Sicht die chemischen und physikalischen Eigenschaften erhalten.

Humusbildung

Humus ist die oberste Bodenschicht, die aus organischem Material besteht und die von Laub oder anderem Mulchmaterial bedeckt wird. Alle organischen Stoffe werden von Regenwürmern und Bodelebewesen ab- und umgebaut zu einem nährstoffreichen Boden, dessen Nährstoffe pflanzenverfügbar sind. Schneiden Sie daher abgestorbene Pflanzen nur bodennah ab. Die Wurzeln von ein- oder mehrjährigen Pflanzen sollten im Boden als Futter für Bodenlebewesen verbleiben, denn auch das dient der Humusbildung.

Auch ohne starke Bodennutzung findet ein ständiger Auf- und Abbau von Humus statt. Nur in stabilen Ökosystemen, wie zum Beispiel Wald und Wiesen, verändert sich der Humusgehalt wenig. Starke Bodenbearbeitung und der Anbau von Starkzehrern wie Kartoffeln, Kohlarten oder Tomaten baut Humus ab. Kompost und biologischer Mist, Mulchmaterial und Gründüngung sorgen für reichlich Humuszufuhr. Mulchen und Gründüngung helfen somit bei der Bodenverbesserung und dem Bodenaufbau.

Bei einem Humusanteil von etwa 1–2 % sprechen wir von einem schwach humosen Boden, bei einem Anteil von 4–8 % gilt er als stark humos.

Der Humusgehalt hängt von folgenden Faktoren ab:
- Bodenzusammensetzung
- Bodenaufbau
- Pflanzendecke
- Bodenfeuchtigkeit
- Klima
- Bodennutzung

Komposterde ist dunkel, locker, hat grobe und feine Bestandteile und duftet nach Walderde. Das Schwarze Gold ist unverzichtbar im eigenen Garten.

Positive Nebeneffekte

Ein lebendiger, humusreicher Boden hat den Vorteil, dass die Pflanzen weniger anfällig für Krankheiten sind. Ebenso besteht ein wesentlich geringerer Schneckendruck – allerdings nur, wenn wirklich nur reifer Kompost ausgebracht wird. Reifer Kompost ist dadurch erkennbar, dass sich in ihm weder Schnecken noch Kompostwürmer, Käfer oder andere Tiere befinden. Nacktschnecken fressen nämlich mit Leidenschaft angefaultes Material – also auch nicht komplett zersetztes Kompostmaterial. Eine feinkrümelige Humusschicht wird dagegen von ihnen ungern als Lebensraum angenommen, da sie sich auch nicht so gut verkriechen können.

Gesunder Boden – gesunde Pflanzen. Kompost verbessert die Bodenstruktur und hält ausreichend Nährstoffe für wohlgenährte Pflanzen bereit.

Nähr- und Dauerhumus

Unter Nährhumus versteht man alle organischen Stoffe, die im Boden rasch ab- und umgebaut werden. Auch die abgestorbenen Bodenlebewesen und Organismen werden dabei zu fruchtbarem Boden umgewandelt. In ihm finden wir den Großteil aller Bodenorganismen. Nährhumus ist die Basis für den Aufbau des Dauerhumus, denn er liefert die Bausteine für den Aufbau der wichtigen Huminstoffe.

Dauerhumus besteht aus einem komplexen Verbund von Tonteilchen mit Huminstoffen. Er ist also ein aus organischen Stoffgruppen mithilfe von Bodenorganismen neu entstandenes Produkt. Ein Zusatz von Gartenerde oder Gesteinsmehl beim Kompostierungsprozess kann dabei helfen. Dauerhumus verfügt über eine gute Wasser- und Nährstoffbindung, zudem ist in ihm der größte Anteil des Bodenstickstoffs gespeichert. Dauerhumus enthält daher Nährstoffreserven, die durch Pflanzenbewuchs nicht reduziert werden. Seine dunkle Farbe wird durch den hohen Stickstoffanteil bewirkt – dadurch erwärmt sich im Frühjahr der Boden schneller.

» *Humusaufbau ist ein äußerst langwieriger Prozess: Man sagt: „100 Jahre für einen Zentimeter". Geduld und konsequente Bodenpflege sind die Voraussetzung, dass der Humusgehalt im Boden über die Jahre ansteigt.*

Gekaufte Erde

Wenn Sie in ein Gartencenter gehen, sehen Sie eine riesige Auswahl an Erden. Ebenso Dünger oder Pflanzenschutzmittel für alle möglichen Probleme und Krankheiten. Bevor Sie aber zugreifen, um Ihrer Rose die Rosenerde oder den Rosendünger, den Kräutern die Kräutererde, dem Rhododendron die entsprechende Erde oder das Schutzmittel zu gönnen, sollten Sie sich mit dem Thema etwas mehr beschäftigen.

Der Blick in die Natur zeigt, dass dort kein Experte Spezialerde, Spezialdünger oder Spezialpflanzenschutzmittel in Einsatz gebracht hat – und trotzdem wachsen Bäume, Sträucher, Stauden und Wiesen ohne unser Zutun bestens. Ich vermeide es, Erde zu kaufen, die Gründe sind vielschichtig:

- Die Herkunft der einzelnen Inhaltsstoffe ist unbekannt.
- Fast jede gekaufte Erde enthält Torf: Zum Teil sind 90 % Torf enthalten.
- Selbst die sogenannte torfreduzierte Erde kann noch immer bis zu 80 % Torf enthalten.
- Durch den Torfertrag werden wertvolle Moore zerstört: Moore gelten als die wichtigsten CO_2-Speicher neben den Meeren, Wäldern und dem Humus. Durch den Torfabtrag wird das darin gespeicherte CO_2 freigesetzt.
- Die Erden wurden *gedämpft,* also erhitzt, und sind somit tot, ohne jedes Leben.
- Häufig sind Zusatzstoffe als Strukturbildner wie Kokosfasern enthalten. Für Kokosplantagen werden Urwälder abgeholzt, um Raum dafür zu schaffen.

- Lange Transportwege führen zu einer schlechten CO_2-Bilanz.
- Torfhaltige Erde ist im Gegensatz zur torffreien Erde wesentlich billiger – warum wohl?

Torf vermeiden

Durch unser Einkaufsverhalten können wir unseren Beitrag im Sinne der Ökologie und zum Erhalt von Mooren beitragen: Kaufen Sie daher torffreie biologische Erde. Die Gründe hierfür sind schwerwiegend:

- Alle Moore sind Lebensräume für ganz besondere Tier- und Pflanzenarten, deren Lebensraum unwiederbringlich zerstört wird.
- Moore sind unsere wichtigsten CO_2-Speicher neben den Meeren. Mit dem Torfabtrag wird das darin gespeicherte CO_2 freigesetzt: Stichwort Klimawandel.
- Torf wird zu einem Spottpreis erworben, auf Kosten der Zerstörung intakter Lebensräume.
- Die Transportwege betragen Tausende von Kilometern: Stichwort Klimawandel.

Für den Gartenboden ist Torf zudem ungeeignet: Er ist extrem nährstoffarm, extrem sauer und hat einen niedrigen pH-Wert. Da die Wurzeln bei niedrigem pH-Wert Nährstoffe nicht aufnehmen können, bedeutet die Verwendung von Torf Stress für unsere Pflanzen. Ist Torf einmal ausgetrocknet, kann er Wasser nicht mehr aufnehmen. Torf ist kälter als die ihn umgebende Erde – etwa 2 °C.

Linke Seite: Setzen Sie die Tomate leicht schräg ein. Sie richtet sich wieder gerade – bildet dadurch aber viel mehr Wurzeln an ihrem Stamm. So kann sie alle Nährstoffe bestens aufnehmen.

Fast ganzjährig lässt sich Maulwurfshügelerde ernten.

Rezept für Tomatenerde Sie brauchen Erde für Ihre Tomatentöpfe? Ich empfehle Ihnen, im Frühjahr Wühlmaus- bzw. Maulwurfshügelerde zu ernten. Etwas Besseres gibt es nicht – noch dazu kostenlos! Mischen Sie Maulwurfshügelerde mit Kompost, einer Handvoll Hornspäne und einer Handvoll Gesteinsmehl. In den Wurzelbereich der Tomate geben Sie zwei Handvoll Brennnesseln und, falls vorhanden, Beinwellblätter. Brennnessel und Beinwell fördern mit ihren Inhaltsstoffen Silicium und Kali die Zell- und Blütenbildung.

Kompost – Wunder der Natur

Mich erinnert der Vorgang des Kompostierens an den Lebenszyklus von Schmetterlingen. Gras, Strauchschnitte, Gartenabfälle, Obst- und Gemüsereste verwandeln sich nach und nach in fruchtbaren Humus – beinahe so, wie ein Schmetterling sich aus dem Ei, der Puppe und Larve langsam entwickelt. Für mich eines der Wunder der Natur.

Das Rad des Lebens

Bis fruchtbare Erde aus organischen und tierischen Resten entsteht, durchläuft der Komposthaufen unterschiedliche Phasen. Die Kompostierung ist nicht nur ein Abbauprozess, sondern eine radikale Stoffumwandlung in mehreren Schritten – sozusagen ein Prozess des Werdens und Vergehens. Und tatsächlich haben sich bereits Philosophen wie Aristoteles, Plinius oder Albertus Magnus und sogar die Alchemisten damit befasst. In der biologisch-dynamischen Landwirtschaft spielt die Kompostierung von Stallmist zur Bodenbelebung sogar eine entscheidende Rolle. Man bezeichnet die Kompostierung auch als Rotte, da organische Stoffe mithilfe von Sauerstoff, Bakterien und Pilzen abgebaut werden.

Der richtige Standort

Der Kompostplatz sollte möglichst nah am Haus und bei jedem Wind und Wetter schnell erreichbar sein. Er sollte nicht an der hintersten Ecke beim Nachbarn stehen. Er braucht einen schattigen und windgeschützten Standort, der Boden sollte möglichst eben sein. Der Kompost benötigt direkten Bodenkontakt, damit Bakterien, Bodenlebewesen und Regenwürmer auch den Zugang finden. Bauen Sie ihn also nicht direkt auf dem Pflaster oder Betonboden auf.

Legen Sie Ihren Kompostplatz nicht unter Bäumen an – der Wurzelbereich würde ständig gedüngt. Sickerwasser kann mittels Rinne oder Bodenblech aufgefangen und als Pflanzendünger verwendet werden.

Wenn Sie Ihren Kompost mit der Forke hochheben, können Sie allerlei Bodenlebewesen entdecken. Allen voran die wichtigen roten Kompostwürmer.

Rechte Seite: Im Nutzgarten steht der Kompost an einer praktischen Stelle und die Wege für die Kompostabfälle sind kurz.

Komposter auswählen

Es gibt verschiedene Methoden der Kompostierung. Sie brauchen auch nicht unbedingt einen Kompostbehälter, sondern können Ihren Kompost an einem schattigen Ort sammeln, ganz ohne Umrandung. Das ist sicher die billigste und arbeitssparendste Methode – gefällt aber nicht jedem. Wer einen Komposter kaufen will, hat die Qual der Wahl. Auf jeden Fall sollten Sie darauf achten, dass das Modell einfach handhabbar ist. Die Vorderseite sollte frei zugänglich oder aber herausnehmbar sein, damit der Kompost leicht entnommen werden kann.

Quadratisch zum Mitwachsen

Schlagen Sie vier Pfähle oder Eisenstangen im Abstand von etwa einem Meter ein, sodass sich ein Viereck bildet. Damit das Holz nicht fault, halten Sie die Pfähle vorher in offenes Feuer, bis sich eine verkohlte Schicht gebildet hat. Diese Schicht sollte so groß sein, dass sie nach dem Einschlagen in den Boden noch einige Zentimeter herausragt. Nun stellen Sie ca. 1,30 m lange Bretter parallel und kreuzweise innerhalb der Pfähle auf. Und immer wenn neue Materialien auf den Kompost kommen, lassen Sie den Komposter auf einfache Art mitwachsen und erweitern um ein Brett.

Damit die Bretter nicht faulen, sollten sie nicht direkt auf dem Boden aufsetzen. Eine Rindenmulchschicht oder ein dünnes Kiesbett verhindern das auf einfache Art. Sie können auch die unteren, direkt am Boden aufliegenden Bretter aus Lärchenholz wählen. Es ist sehr dauerhaft und muss nicht behandelt oder imprägniert werden.

Da die Bretter lose liegen, lassen sie sich jederzeit erweitern oder entfernen und der Kompost erhält genügend Sauerstoff.

Wärmeentwicklung

In einem quadratischen Komposter entsteht die notwendige Wärme von 60 °C meist nur in der Mitte, weshalb der Kompost nach einiger Zeit umgesetzt werden muss. Die äußeren Anteile des Kompost erhalten nicht genügend Hitze – erkennbar ist dies, wenn die groben Bestandteile von Ästchen, Laub und Gehölzanteilen nicht *umgesetzt* werden, sondern lange in ihrer Struktur erhalten bleiben. Hintergrund ist, dass die Mikroorganismen in diesem Milieu nicht sehr gut arbeiten. Beim Umsetzen müssen Sie die äußeren Bestandteile in die Mitte, die inneren nach außen und das untere Material nach oben bringen, damit sich der Kompost gleichmäßig umwandeln kann.

» Ihr Kompost soll immer zugedeckt werden, sei es mit einem alten Teppich, Vlies oder Strohmatten. Wärme und Feuchtigkeit werden so besser gehalten. Zu nass oder zu trocken darf der Kompost nie werden.

Rechte Seite: Der Komposter aus Maschendraht lässt sich schnell aufbauen und kann über viele Jahre wiederverwendet werden. Allerdings ist er an allen Seiten offen, sodass die nötige Hitzeentwicklung nur in der Mitte stattfindet. Mit einer dunklen Folie ausgekleidet, entsteht mehr Wärme.

Komposter zum Selbstbauen

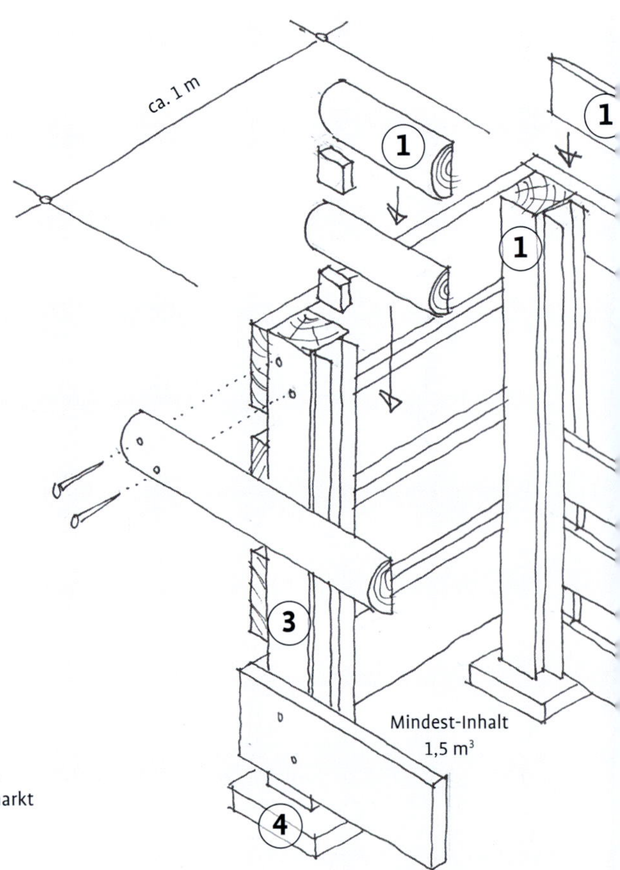

(1) Seitenwände zum Öffnen aus Zaunlatten, gehalten von Blechprofilen aus dem Baumarkt
(2) feste Seitenwände aus Brettern
(3) Pfosten 6 x 6 cm
(4) Steinplatte, alte Fliese o. Ä.

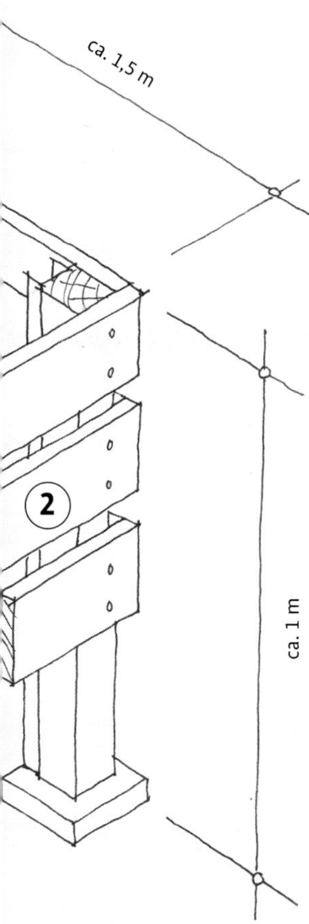

ca. 1,5 m
2
ca. 1 m

Kompostschichten

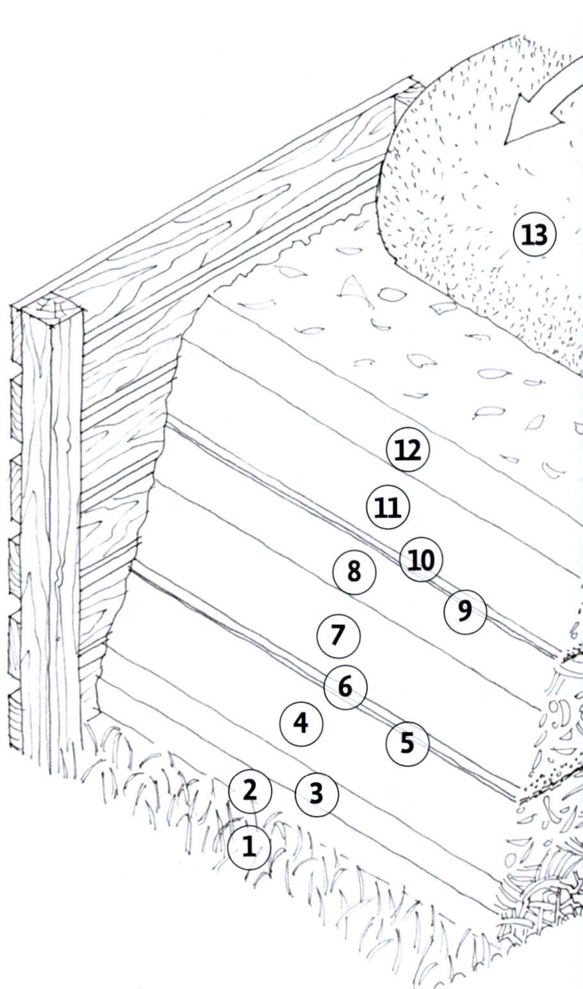

⑬ Abdeckung: Folie, alter Teppich o. Ä.
⑫ Deckschicht: Heu, Laub, Häcksel
⑪ 20 cm Mischgut wie unten
⑩ Gartenerde
⑨ dünne Schicht Urgesteinsmehl
⑧ 15 cm Mischgut: Laub und Küchenabfälle
⑦ 20 cm Mischgut: Küchenabfälle, frischer Grasschnitt, Holzhäcksel
⑥ Gartenerde: 3–4 Schaufeln
⑤ dünne Schicht Urgesteinsmehl
④ 20 cm frisches Material, Küchenabfälle
③ 15 cm trockenes Gras, Heu
② 15 cm Gehölzschnitt, Äste
① Grasboden

Mein Mülltonnen-Upcycling

Per Zufall konnte ich eine andere Kompostierungsmethode ausprobieren. Die Stadt stellte neue Mülltonnen auf und tauschte die runden Tonnen gegen eckige aus. Die alten Tonnen blieben uns erhalten – und so kam ich auf die Idee, sie zur Komposttonne umzubauen.

In die Tonne wurden am Boden einige und seitlich viele Löcher gebohrt, um die Sauerstoffzufuhr während des Kompostiervorgangs zu gewährleisten. Die Bodenlöcher sind nur maximal 1 cm groß, damit keine Mäuse eindringen können. Die seitlichen Löcher haben 2 cm Durchmesser. Da die Mülltonne schwarz ist, wird der Inhalt sehr heiß, was den Rottevorgang beschleunigt. Die runde Form lässt den Inhalt gleichmäßig erhitzen, nämlich auf über 60 °C. Sie können daher in diesem geschlossenen System alles kompostieren, auch kranke Blätter und Pflanzenteile mit Birnengitterrost, Rosenrost oder Mehltau. Da die Mülltonne nur ein geringes Volumen hat, erledigen die Mikroorganismen und Kompostwürmer die Arbeit in relativ kurzer Zeit.

Die richtige Größe

Selbst in kleinen Gärten bis 300 m^2 Größe benötigen Sie zwei Behältnisse oder Sammelplätze für Ihren Kompost. Fällt nämlich im Frühjahr oder Herbst viel Strauchschnitt und Laub an, sollten Sie dieses unbedingt zwischenlagern. Der eigentliche Kompost, der täglich oder wöchentlich anfällt und ziemlich feucht ist, benötigt als Zwischenschicht trockene Anteile – ideal, wenn Sie dann aus Ihrem Zwischenlager schöpfen können.

Bis ein Kompost *reif* ist, dauert es bis zu zwei Jahre. Reif bedeutet, dass alle Zersetzungsprozesse abgeschlossen sind und Sie darin keinerlei sichtbare Tiere wie Kellerasseln, Springschwänze oder Kompostwürmer mehr finden. Die anfängliche Materialmenge reduziert sich in dieser Zeit auf ein Minimum.

Wichtig: Pflanzen Sie keinen Kürbis oder andere Pflanzen auf den Kompost, sondern stets daneben, denn sonst findet eine zu hohe Nitrataufnahme statt.

Fertig gekaufte Schnellkompostbehälter sind eine Möglichkeit für Ihre Abfälle. Gebrauchte, große Plastikfässer mit vielen Löchern am Boden und in den Seiten eignen sich ebenso, ein Deckel schützt vor zu viel Regenwasser.

Ein Kompost aus Holzbrettern verrottet im Laufe der Zeit und wird selbst zu Kompost. Verwenden Sie Lärchenbretter – die sind zwar teurer, aber auch langlebiger.

Wenn Sie größere Abfallmengen haben, aber nur Platz für einen Komposter, sollten Sie ein größeres Modell wählen: 1,20 m Länge × 1,20 m Breite × 1 m Höhe. Für den kleineren Haushalt mit nur wenig Küchen- oder Gartenabfällen ist ein rundes, geschlossenes Modell ideal, um dennoch die nötige Erwärmung zu erreichen. Sie können aber ebenso gut einen Lattenkomposter wählen. Wichtig ist Luftzufuhr von allen Seiten, damit keine Fäulnis entsteht.

Die Mischung macht's

Sobald der Platz ausgewählt und vorbereitet ist, und Sie sich für einen Komposter entschieden haben, können Sie beginnen. Bauen Sie Ihren Kompost in Schichten auf:

- Die untere Lage besteht entweder aus Holzhäcksel, Stroh oder einer trockenen Heuschicht und kleinen Zweigen. Diese Schicht verhindert eine mögliche Fäulnis: Durch die Nässe und das Gewicht des Kompostes kann dieser sonst verdichten, sodass Sauerstoffmangel entsteht. Die etwa 10–20 cm dicke Schicht leitet außerdem überschüssiges Wasser ab.
- Für alle weiteren Lagen gilt: Um einen guten Rotteprozess zu erreichen, ist das Mischungsverhältnis aller Abfälle entscheidend. Küchenabfälle, frisches Gras und größere Mengen Fallobst werden am besten mit trockenen Materialien wie Holzhäcksel, Stroh und zerkleinertem Stauden- oder Gehölzschnitt gemischt.
- Das ideale Verhältnis von Kohlenstoff und Stickstoff (C/N) liegt bei 30:1. Auf den Kompostinhalt bezogen entspricht dies: 20 % kohlenstoffhaltige Materialien wie Holz, Äste oder Grüngut mit 80 % feuchten Bestandteilen wie Grasschnitt und Küchenabfällen gemischt.
- Geben Sie Kompostzusätze wie Gesteinsmehl, alten Kompost, Erde und Betonit zu den anderen Materialien. Damit ist der Kompost mit allen notwendigen Organismen geimpft. Auch hier gilt: Je vielfältiger die Zusammensetzung ist, desto besser das Ergebnis.

Das darf in den Kompost Grünabfälle aus dem Garten, Grasschnitt, Gemüse- und Obstreste (besser unbehandelt), Laub, Heckenschnitt (besser zerkleinert), Eierschalen (zerdrückt) und Eierkartons, Tee- und Kaffeefilter aus Papier (ohne Metallteile), alte Federbetten und Kopfkissen, Kleidungsstücke in reiner Wolle (ohne synthetische und metallische Anteile)

Das darf nicht in den Kompost Kranke Pflanzen (z. B. Tomatenlaub mit Kraut- und Braunfäule), Pflanzen mit ansteckenden Krankheiten wie Monilia oder Feuerbrand (medepflichtig), gekochte Essensreste, Fleisch und Wurst, gespritzte Obst- und Gemüsereste (z. B. Zitronenschale), rohe Kartoffeln und Kartoffelschalen, gekaufte Schnittblumen und Topfpflanzen (meist mit Pestiziden behandelt), Wermut, Hausabfälle oder Restmüll, Kleintierstreu, Windeln, Staubsaugerbeutel, Straßenkehricht, Abfälle aus Gärten, die an stark befahrenen Straßen liegen (Schwermetallgefahr)

1 x 1 der Kompostzusätze

- Erde enthält die notwendigen Mikroorganismen für den Rotteprozess.
- Alter Kompost enthält Bakterien, Bodenlebewesen, Mikroorganismen.
- Gesteinsmehl bildet mithilfe von Mikroorganismen stabile Ton-Humus-Komplexe (binden Wasser im Boden) und bindet Geruchsstoffe.
- Basaltmehl enthält Kalk und Magnesium. (Wird allerdings zu viel Kalk ausgebracht, kann der Boden ausgelaugt und Humus abgebaut werden.)
- Bentonit, d. i. Tonminerale (verbessern vor allem die Bodenstruktur bei sandigen Böden), gute Wasserbindung (1–2 kg/m^3).
- Hornspäne enthalten Stickstoff, falls zu wenig Gemüse- oder Grasabfälle vorhanden sind.
- Kompostpräparate von Demeter oder der Abtei Fulda.

» Eine Grundregel: Mischen Sie gegensätzliche Materialien, also feines mit grobem, nasses mit trockenem und sperriges mit kompaktem Material. Dadurch erhält Ihr Kompost genügend Feuchtigkeit und Sauerstoff.

Linke Seite: Thujen- oder Eibenheckenschnitt sollten Sie nicht auf den Kompost geben, sondern als Mulchmaterial unter der Hecke belassen. Sie sind nicht verträglich mit anderen Pflanzen – selbst Giersch lässt sich dort nicht sehen.

Kompostprobleme?

Zu feucht

Mikroorganismen benötigen sowohl für die Abbauprozesse Feuchtigkeit, Sauerstoff, Stickstoff und andere Nährstoffe als auch für den eigenen Stoffwechsel. Ganz wichtig: Kompost muss atmen können, deshalb sollten Sie immer für eine ausreichende Belüftung sorgen. Riecht Ihr Kompost unangenehm, liegt dies meist am Sauerstoffmangel. Der Kompost ist zu feucht, Fäulnis entsteht. Arbeiten Sie trockene Materialien wie Stroh, Heu oder Holzhäcksel mit ein, um den Kompost zu retten. Andernfalls können Giftstoffe entstehen und der Kompost muss entsorgt werden.

Zu trocken

Wenn der Kompost zu trocken ist, erfolgt keine Zersetzung des Kompostmaterials. Zu trockener Kompost kommt vor allem in offenen Komposthaufen vor, besonders an sonnigen und windigen Standorten. Zeigt sich eine graue Schimmelbildung an der Oberfläche, geben Sie Wasser oder Kräuterjauche zu. Ist der Kompost allerdings in seiner Struktur falsch angelegt, indem Sie zu viel trockenes, verholztes Material zugesetzt haben, sollten Sie ihn am besten umsetzen und mit feuchtem Kompostmaterial wie Rasenschnitt oder Obst- und Gemüseresten anreichern.

Zu heiß oder zu kalt

Wird ein Komposter ganz befüllt, entwickelt sich in den ersten Tagen eine Temperatur von bis zu 60 °C. Wird tierischer Mist von Pferden oder Schafen zugegeben, kann die Temperatur aber zu hoch werden. Ursache kann zu viel Sauerstoff und ein zu locker geschichteter Kompost sein, dann muss der Kompost verfestigt werden.

Entwickelt sich dagegen nicht genug Temperatur, haben Sie vielleicht zu viel Erde oder zu viel kohlenstoffhaltiges Material wie zum Beispiel Gehölzschnitt zugegeben. Eine Zwischenschicht Gras oder tierischer Dung, den Sie in den Kompost einarbeiten, kann für Abhilfe sorgen.

Temperaturbeschleuniger

- 300 g Zucker
- 1 Würfel Backhefe
- in 10 l Wasser bei 40 °C lösen
- gleichmäßig über den Komposthaufen gießen.

(10 l reichen für ca. 0,5–1 m^3.)

Machen Sie den Kressetest: Wächst die Kresse im Schälchen mit gesunden grünen Blättern, ist Ihr Kompost reif und kann im Garten eingesetzt werden.

Hier ist es selbst den Kompostwürmern zu feucht. Vermutlich ist der Kompost zu kalt.

Das gibt Probleme: Zu wenig und zu trockenes Material auf dem Kompost verhindert die für die Umsetzung wichtige Wärmeentwicklung.

Wichtige Kompostphasen

Der Rotteprozess verläuft in mehreren Phasen:

- Mikrobielle Prozesse sorgen in den ersten Tagen für eine starke Erwärmung, dadurch verlieren die Materialien ihren ursprünglichen Charakter.
- In der zweiten Phase übernehmen andere Bakterien und zunehmend auch Pilze die Umsetzung der organischen Stoffe. Diese Phase führt zur Nitratbildung. Die entstehende Kohlensäure zersetzt organisches Material, aus dem eiweißreichen Material bildet sich Ammoniak. Diese Phase dauert bis zu drei Wochen.
- Waren vorher nur chemische Prozesse wirksam, stellen sich erst jetzt verschiedene Tierarten in großen Mengen ein, unter anderem der Kompostwurm (*Eisenia foetida*).
- In der letzten Phase erreicht der Kompost gewissermaßen eine Stabilisierung und findet zu seinem Abschluss. Viele Kleintiere, Käfer, Asseln oder Springschwänze arbeiten noch, sind aber nur noch in geringer Menge vorhanden. Der Kompost riecht nun angenehm nach Walderde.
- Der Kompost ist reif, wenn keine Würmer oder andere Kleintiere mehr vorhanden sind, die Erde dunkel und leicht krümelig ist. Bis zur Reife dauert es mindestens ein Jahr.

Ist der Kompost reif? Füllen Sie den Kompost in eine flache Schale und feuchten Sie ihn mit Wasser an. Anschließend säen Sie Kressesamen darauf aus und stellen die Schale an einen hellen Platz ohne direkte Sonne. Nach drei bis vier Tagen haben die meisten Samen gekeimt. Sind die Blättchen saftig grün, ist der Kompost reif und pflanzenverträglich. Verfärben sie sich gelb oder braun, dann ist der Kompost noch nicht fertig.

Wohin mit dem Laub?

Wenn im Herbst viel Laub anfällt, fühlen sich Gartenbesitzer oft überfordert und bringen alles auf den Wertstoffhof. Laub ist jedoch ein Wertstoff – und deshalb soll er wie alle anderen Gartenabfälle auch besser in Ihrem Garten bleiben!

Mulchen oder kompostieren?

Bei großen Mengen Laub sollten Sie ein Zwischenlager einrichten. Denn: Laub ist sehr gutes Mulchmaterial, das Sie während des Jahres immer wieder ausbringen können. Trockenes Laub ist zudem für den Kompostaufbau und als Zwischenschicht mit nassem Grasschnitt oder sehr feuchten Obst- und Gemüseabfällen wichtig. Es reguliert zu hohe Feuchtigkeit. Immer wieder taucht aber die Frage auf, welches Laub man kompostieren kann. Grundsätzlich eignet sich jedes Laub. Allerdings müssen Sie bei Walnuss und Eiche bedenken, dass sie viele Gerbstoffe enthalten, die eine längere Kompostierzeit benötigen.

Saatbeet vorbereiten

Vielleicht wollen Sie im Herbst ein neues Saatbeet für das nächste Jahr vorbereiten? Verteilen Sie großzügig Walnuss- oder Eichenlaub darauf. Die Gerbstoffe verhindern die Keimfähigkeit von Wildkäutern. Im Frühjahr entfernen Sie das Laub wieder, der Boden kann sich erwärmen – und Sie säen aus und pflanzen.

Mit einer anderen Methode bringen Sie auf das für das nächste Jahr vorzubereitende Beet reifen Kompost aus, den Sie in die obersten Zentimeter der Bodenschicht einarbeiten. Darauf kommt eine Lage Walnuss- oder Eichenlaub – oder auch anderes Laub, wie es bei Ihnen anfällt. Damit das Laub nicht verweht wird, können Sie Strauch- oder Baumschnitt darüberlegen. Der große Vorteil: Die Bodenlebewesen arbeiten unter der schützenden Laubdecke den Kompost in den Boden ein. Im Frühjahr brauchen Sie dann keinen weiteren Kompost ausbringen und nicht düngen.

Diese Methode nutze ich, um im Herbst mehr Platz für das Lagern von Gehölzschnitt und neuem Laub zu haben.

Linke Seite: Verschiedene Laubarten ergeben den besten Humus. Vielleicht fragen Sie sogar noch Ihre Nachbarn, bevor deren Blätter in der Tonne landen?

Im Einsatz für den Boden

Jede Baumart sammelt bestimmte Stoffe. Buchenlaub enthält viel Kalk, Erlenlaub Kalium. Auf diese Weise erfolgt auch ein Nährstoffeintrag in den Boden – und deshalb ist Laub ein wichtiger Wertstoff für uns.

Sie können Laub daher gut für verschiedene Pflanzen einsetzen. Gerbstoff- und tanninhaltiges Laub von Eiche oder Walnuss mögen besonders säureliebende Pflanzen: Moorbeetpflanzen, Heidelbeeren, Preiselbeeren, Heidekrautgewächse wie Erika und *Calluna* oder Rhododendron. Sie benötigen dann keine sogenannten Spezialerden.

» Sie verkürzen den Rottevorgang, wenn Sie gerbstoffreiches Laub zusammen mit Grasschnitt häckseln und als Zwischenschicht in den Kompost einbringen. Je kleiner die Kompostanteile sind, desto schneller können sie von den Mikroorganismen umgebaut werden.

Terra Preta

Vor einigen Jahren sorgte eine Meldung weltweit für Furore: Forscher fanden in Südamerika sehr fruchtbare Schwarzerdeböden, deren Entstehung man zunächst nicht erklären konnte. Normalerweise sind Urwaldböden nährstoffarm, denn der Stoffumsatz ist in diesem Klima sehr hoch, sodass keine Humusbildung erfolgt.

Schwarze Wundererde

Terra-Preta-Böden wurden zunächst in Siedlungen von Indios im Urwald von Brasilien, Kolumbien und Ecuador gefunden. Man vermutet aber, dass die bisher entdeckten Siedlungen mit Terra-Preta-Böden nur einen Bruchteil der tatsächlich existierenden Böden zeigen. Mittlerweile wurde bekannt, dass vergleichbare Böden auch in anderen Kontinenten wie Afrika, Asien und Europa erzeugt wurden. Terra-Preta-Böden reichen mehrere Meter tief und entstanden über viele Jahrhunderte. Offensichtlich wurden sie auch über Jahrhunderte intensiv genutzt und weisen trotzdem bis heute eine nachhaltige Bodenfruchtbarkeit auf.

Uraltes Verfahren

In den Terra-Preta-Böden wurden Verkohlungsrückstände (Holz- bzw. Pflanzenkohle), Fäkalien, Dung, Knochen, Fischgräten und Asche nachgewiesen. Die verschiedenen Abfälle wurden zum Teil kompostiert und die mikrobielle Umsetzung im Boden führte letztendlich zur Entstehung der Terra-Preta-Böden. Wobei der Zufuhr von Pflanzenkohle eine Schlüsselrolle zukommt, da nur so die Bildung von stabilem Humus möglich ist.

» Mit Terra Preta lässt sich eine qualitativ hochwertige Boden- und Krümelstruktur, eine hohe Wasserhaltefähigkeit und ein aktives Bodenleben fördern. Humuswerte von bis zu 15 % sollten im Bereich der Möglichkeit liegen. Mit Terra Preta lassen sich also die Ziele eines Humusaufbaus erreichen.

Bodenprofil der Terra-Preta-Urwaldböden. Die Tiefe der Terra Preta ist hier deutlich erkennbar.

Der Kreislauf von Werden und Vergehen lässt den Regenwald üppig wuchern. Pflanzen sterben, werden zu Erde und wieder von Pflanzen aufgenommen. Dauerhaften Humus gibt es kaum.

Die Holzkohle macht's

Die Holzkohle ist kein Dünger, sondern in erster Linie Lebensraum für Mikroorganismen. In ihren Poren kann sie langfristig und dauerhaft Wasser und Nährstoffe speichern. Gleichzeitig ist die Holzkohle stabil gegenüber mikrobiellem Abbau und bleibt dem Boden lange erhalten. Mit dem Einsatz der Holzkohle wird zusätzlicher Dünger überflüssig. Die Holzkohle muss aber, bevor sie eingesetzt werden kann, einen biologischen Aktivierungsprozess durchlaufen. Terra Preta entsteht letztlich durch die Aktivität der Mikroorganismen.

Vorteile von Terra Preta

- Nährstoffe werden besser gehalten.
- Der Boden hat eine hervorragende Wasserleit- und Wasserhaltefähigkeit.
- Böden haben eine gute Belüftung und enthalten viel Sauerstoff.
- Weder Nässe noch Trockenheit schadet den Böden.
- Sie haben eine hohe Stickstoff- und Phosphorbindung.
- Es zeigt sich ein starker Anstieg von Bodenbakterien, die für die Nährstoffumsetzung verantwortlich sind.
- Terra Preta hat einen leicht sauren bis neutralen pH-Wert.
- Der hohe Humusgehalt wirkt als Puffer gegen Nährstoffauswaschung.

Terra Preta selbst herstellen

Terra Preta stellt einen wichtigen Baustein dar für Bodenverbesserung, Kohlenstoffbindung und die Nährstoffversorgung für die Pflanzen. Es bieten sich verschiedenen Möglichkeiten an, um Terra Preta selbst herzustellen.

Die Kompost-Methode

Vielleicht haben Sie schon Kompost in Ihrem Garten – eine ideale Voraussetzung für die weiteren Schritte. Beachten Sie bitte: Sie benötigen Holzkohle, aber keine Holzasche. Holzkohle entsteht durch den Pyrolyse-Vorgang, einen Verschwelungsprozess. Falls Sie eine Holzheizung auf der Basis von Holzverschwelung haben, entsteht Holzkohle, die Sie verwenden könnten. Holzkohle gibt es natürlich auch zu kaufen, oder Sie nehmen das Abfallprodukt vom Grillen. Kaufen Sie keine Holzkohle aus Tropenholz.

Ich habe meine Holzkohle, zusammen mit Grünanteilen von langem Gras und Strauchschnitt, zuerst angefeuchtet und dann alles zusammen gehäckselt. Das Befeuchten ist notwendig, um die Staubbildung während des Häckselvorgangs zu minimieren. Größere Holzkohlestücke müssen zerkleinert werden.

Kompost neu aufsetzen

Die gehäckselte Mischung wird nun schichtweise mit dem vorhandenen Kompost neu aufgesetzt. Die Holzkohle dabei nur in dünnen Schichten zwischen die übrigen Kompostschichten streuen. In einem aktiven Kompost wird die Holzkohle problemlos von Mikroorganismen besiedelt.

Zu Beginn rechnen Sie 15–20 Liter Holzkohle pro m^3 Kompost. Bei jedem neuen Eintrag von Holzkohle reduzieren Sie den Anteil auf 5 Liter pro m^3 Kompost, damit der Kohlenstoffanteil nicht zu hoch wird und das Pflanzenwachstum behindert.

Das Fermentieren

Für diese Methode benötigen Sie große, verschließbare Plastikfässer von mindestens einem Meter Durchmesser, die Sie sie in jedem Baumarkt erhalten. Die Holzkohle muss zunächst mit Effektiven Mikroorganismen (EM), Kräuterjauche oder Milchsäurebakterien, wie sie in Molke oder Brottrunk enthalten sind, geimpft werden. Am besten mischen Sie die Holzkohle in einer Wanne mit Molke, EM oder Brottrunk.

Schichten bilden

Ähnlich wie Sie einen Kompost aufsetzen, befüllen Sie auch das Fass. Zuerst kommt etwas Holzkohle, dann abwechselnd eine Schicht Gemüse-, Haushalts- und Obstabfälle, darauf Heu, Stroh oder Laub, dann wieder Holzkohle usw. Dazwischen geben Sie immer wieder etwas Gesteinsmehl und Gartenerde, am besten auch jeweils einige Schaufeln alten Kompost. Gern können Sie auch jede Form von Tiermist mit einbringen – selbstverständlich nur aus biologischer Haltung. Das gesamte Gemisch darf nicht zu nass sein.

Durch Zusammentreten verdichten Sie die Masse, sodass der Sauerstoffanteil sehr gering ist. Schließen Sie den Deckel und lassen alles 4–6 Wochen ruhen. Anschließend wird der Inhalt auf die Beete ausgebracht und dort findet im nächsten halben Jahr die Umwandlung in Humus statt. Mulchen Sie die Beete. Wenn Sie die Terra Preta im Spätherbst aufbringen, können die Beete im Frühjahr bepflanzt werden. Eine zusätzliche Düngung ist bei dieser Anwendung nicht nötig.

» Beim Fermentieren werden nicht nur die Nährstoffe in der Kohle gebunden, sondern auch Enzyme und Antioxidantien gebildet. Diese wirken sowohl für den Boden wie für die Pflanzen stärkend und gesundheitsfördernd.

Linke Seite: Dunkle, fast schwarze Terra-Preta-Erde ist bestens für den Garten geeignet.

Biologischer Pflanzenschutz

Biologischer Pflanzenschutz beginnt mit der Vermeidung von Problemen. Und zur Vermeidungsstrategie gehören die Themen Boden, Artenvielfalt, Pflanzenkauf, Standortwahl, Düngung und Pflege. Das Grundmotto lautet: Je gesünder der Boden ist, desto gesünder sind auch die Pflanzen.

Die Natur macht's vor

Der ganzheitliche Ansatz der Permakultur hat auch hier seine Gültigkeit: Wir sollten uns an der Natur orientieren. Und so stellt sich die Frage, ob aus dem Ausland gekaufte oder mitgebrachte Pflanzen, Bäumchen, Blumen in einem anderen Klima wirklich gedeihen können. Auch ich habe alles probiert, gekauft – und später meistens beerdigt. Frostempfindliche Pflanzen aus Italien hatten spätestens im übernächsten Jahr sämtliche Krankheiten von Erdfloh, Spinnmilben über Mehltau und Schildläusen. Dazu musste ich jeden Herbst die immer größer werdenden Oleander, Lorbeer-, Oliven- und Orangenbäumchen mit viel Kraft ins Winterquartier schaffen. Und im Frühjahr die gleiche Prozedur – die Töpfe wieder in den Garten bringen. Was überlebt hatte, war häufig geschwächt oder krank, da die Lebensbedingungen eben nicht optimal waren. Das gleiche gilt für exotische Pflanzen, die im Garten bleiben können, deren Bedürfnisse aber doch andere sind, als wir sie ihnen in unserer Klimazone bzw. in unserem Garten bieten können.

Die richtigen Fragen stellen

Alle Fakten wollen gut überlegt sein, bevor Pflanzen gekauft werden – es handelt sich immerhin um Lebewesen: Welche Lebensbedingungen benötigt eine Pflanze, wie lässt sie sich mit anderen Pflanzen kombinieren, hat sie an dem Standort genügend Platz für sich oder steht sie beengt, erhält sie genügend Sonnenlicht, mag sie einen sauren oder einen basischen Boden, soll der Boden sandig oder lehmig sein, benötigt sie viel oder wenig Dünger?

Um Probleme schon im Ansatz zu vermeiden, sollten Sie möglichst viele dieser Fragen vorher klären. Werden die Ansprüche einer Pflanze erfüllt, wird sie nämlich seltener krank oder von Schädlingen befallen. Schädlinge und Krankheiten treten auch auf, wenn Pflanzen überdüngt sind oder zu wenig Nährstoffe erhalten.

Schädlinge versus Nützlinge

Nicht jedes Lebewesen im Garten ist ein Schädling oder ein Nützling. Lediglich ein Viertel kann als Schädling eingestuft werden und ein weiteres Viertel als Nützling. 50 % gehören einer Gruppe an, die als Indifferente bezeichnet werden. Im ökologischen System spielen sie gleichwohl eine wichtige Rolle. Deshalb ist es wichtig, dass wir möglichst viele Tier- und Pflanzenarten kennenlernen, um sie nicht auszurotten. Weder die Blattlaus noch der Maulwurf sind unsere Feinde. Sie sind ein Teil des Kosmos und haben ebenfalls ein Lebensrecht. Damit wir aber mit diesen Geschöpfen keine Probleme bekommen, sollten wir klug, umsichtig und vorsorgend denken und handeln – dann ist weder die Blattlaus noch der Maulwurf das Problem.

Linke Seite: Viele Gartenbesitzer wissen nicht, dass der Maulwurf ein Nützling ist, der den Boden belüftet, Engerlinge, Drahtwürmer und andere Schädlinge frisst und den Boden auf diese Weise sauber hält.

Die Blüten von Orangenbäumchen duften zauberhaft, die Früchte werden aber nicht aromatisch und süß wie in ihrer Heimat.

» Am ehesten werden schwache Pflanzen befallen. Deshalb sind die Sortenwahl, der Standort und die Bodenqualität entscheidend für die Gesundheit.

Gegen alles ist ein Kraut gewachsen

Je größer die Artenvielfalt im Garten ist, umso geringer ist die Notwendigkeit, überhaupt eingreifen zu müssen. Wer sich in seinem Garten für einen gesunden Boden mit einer ausgewogenen Nährstoffversorgung kümmert, muss sich um die Pflanzengesundheit nicht sorgen.

Vorbeugen, stärken, düngen

Zur Vorbeugung sind diese drei Pflanzen besonders positiv zu nennen: Ackerschachtelhalm, Brennnessel und Rainfarn. Sie haben das größte Wirkungsspektrum von allen anwendbaren Pflanzen. Brühen und Spritzungen stärken Ihre Pflanzen oder helfen aktiv, wenn sie doch einmal von Krankheiten befallen werden.

Wird im Frühjahr Kompost ausgebracht, kann im Sommer eine schnelle Nährstoffversorgung mit Kräuterjauchen erfolgen. Wildpflanzen können als Jauche, Brühe oder Tee eingesetzt heilend, nährend und allgemein unterstützend für den Garten wirken. Sie enthalten ein Repertoire an unterschiedlichsten Mineralstoffen und sorgen sowohl für die Ernährung der Pflanzen als auch der Bodenlebewesen. Sie können alle Wildkräuter auch gemeinsam verjauchen.

Grundrezept für Jauchen

Einen Eimer gut zur Hälfte mit Brennnesseln oder anderen Wildkräutern füllen, mit Regenwasser auffüllen, verschließen, in die Sonne stellen, alle paar Tage umrühren. Bei Geruchsbildung eine Tasse Gesteinsmehl zugeben. Nach Bedarf weiter vergären lassen oder nach Verdünnung anwenden.

Biologischer Pflanzenschutz beginnt durch:
- Pflanzgemeinschaften von Kultur- und Wildpflanzen
- Auswahl von Arten und Pflanzen
- Zwischenkulturen
- Mischkulturen
- Bodenpflege und Bodengesundheit

Brennnessel- oder Kräuterjauche niemals in Metall-, sondern nur in Holz-, Ton- oder Kunststofffässern ansetzen.

- Die Verdünnung richtet sich nach der Menge an Kräutern und der Dauer der Vergärung. Jauchen sind grundsätzlich mindestens im Verhältnis 1:15 zu verdünnen, um Verbrennungen an Pflanzen zu vermeiden.
- Bei Spritzungen vorher die Pflanzenteile absieben.

Ackerschachtelhalmbrühe

Spritzungen mit der Brühe wirken vorbeugend gegen Sternrußtau, Rosenrost, Mehltau

- 100 g frischen oder ca. 30 g getrockneten Ackerschachtelhalm in einem Liter Wasser aufsetzen, 24 Stunden stehen lassen und anschließend 30 Minuten kochen. Den abgekühlten Sud mit der fünffachen Wassermenge verdünnen, abseihen und vorbeugend oder bei Befall besprühen. Nach Regen sofort wieder besprühen.
- Bei Befall täglich anwenden, zur Vorbeugung reicht ein 2-Wochen-Rhythmus.

Rainfarnbrühe

Brühen werden zur Stärkung (Blattdüngung), zur Schädlingsreduzierung und gegen Krankheiten als Spritzmittel verwendet.

- 300 g Blüten oder getrocknete Pflanzen in 10 l kaltes Wasser geben. 24 Stunden stehen lassen und anschließend 30 Minuten kochen. Den abgekühlten Sud abseihen. Die Brühe kann einige Tage aufbewahrt werden.
- Verwendet wird Rainfarnbrühe bei starkem Auftreten von Läusen, Milben, vorbeugend gegen Mehltau und Rost. Unverdünnt im Frühjahr und Sommer auf die Pflanzen spritzen. Rainfarnjauche bei starkem Auftreten von Erdbeerblütenstecher, Frostspanner, Himbeerkäfer, Brombeermilbe und vorbeugend gegen Mehltau und Rost.

Brühe mit Ackerschachtelhalm wirkt vorbeugend gegen Sternrußtau, Rosenrost und Mehltau.

Der Rainfarn wird als Pflanzenstärkungsmittel eingesetzt.

Brühen für alle Gelegenheiten

- Meerrettich soll Kräuselkrankheit und Monilia bei Steinobst verhindern. Zur Vorbeugung Brühe oder Tee auf Pflanzen und Erde im Sommer spritzen, im folgenden Frühjahr in die Blüte.
- Wermut soll Säulchenrost bei Johannisbeeren verhindern.
- Brennnesseljauche wirkt gegen Blattläuse (1:15 verdünnt); unterstützt die Bildung des Blattgrüns und die Humifizierung des Bodens.
- Löwenzahn fördert mit seiner Pfahlwurzel Eisen, hilft gegen Blattchlorose; Jauche und Tee fördern Wachstum und verbessern Früchte.
- Fingerhut regt Wachstum an, vermindert Krankheitsbefall, verbessert die Lagerqualität der Äpfel.
- Knoblauch beugt als Zwischenpflanzung Pilzkrankheiten vor; hilfreich als Spritzmittel (Tee und verdünnte Jauche) gegen Läuse.
- Farnkraut des Wurm- und Adlerfarns dient zur Kaliversorgung; als Jauche bei Schild- und Blutläusen an Obstbäumen, gegen Schnecken, vorbeugend gegen Pilzkrankheiten, Rost, Mehltau.
- Kamille, echte, wirkt vorbeugend gegen Boden- und Wurzelkrankheiten, sorgt für gesundes Wachstum.
- Rhabarber wirkt als Jauche, Brühe oder Tee gegen schwarze Läuse.
- Kohl düngt als Jauche, reguliert den Schwefelhaushalt in Pflanzen und Boden.
- Ringelblume fördert allgemein die Gesundheit und das Wachstum für alle Pflanzen, besonders für Tomaten und Kohl.
- Schafgarbe dient als Spritzung zur Abwehr von Insekten und Pilzkrankheiten.
- Tomaten dienen als Spritzung zur Förderung des Wachstums bei Tomaten, Bohnen, Gurken und vielen anderen Gemüsearten; zum Schutz gegen Kohlweißlinge an Kohl.
- Zwiebel wirkt vorbeugend gegen Grauschimmel an Erdbeeren, Kraut- und Knollenfäule bei Kartoffeln, Pilzbefall an Obstbäumen, vorbeugend gegen Blattfallkrankheit bei Beerensträuchern.
- Zwiebel ist wirksam gegen Asternwelke, begünstigt Rosen und Lilien.
- Wermut aktiviert die pflanzeneigene Abwehr, anzuwenden bei Blattläusen, Ameisen, Milben, Kohlweißlingen, Säulenrost.
- Holunderblätterjauche wirkt gegen Möhrenfliege.
- Brühen/Tee aus Löwenzahn, Wermut, Kamille, Schachtelhalm regt Wurzelwachstum bei Jungpflanzen an.

Ganz ohne Chemie

Bevor wir alle sogenannten Schädlinge bekämpfen, sollten wir prüfen, wie stark der Befall ist. Häufig stellen sich von selbst Nützlinge ein und wir müssen nichts unternehmen. Das Verhältnis von Schädlingen zu Nützlingen hält sich meist die Waage. Bedenken Sie auch: Gäbe es keine Schädlinge, dann gäbe es auch keine Nützlinge. Durch Vorsorge und das Beachten von einfachen Regeln können wir zudem die meisten Probleme vermeiden: Bodenpflege, Gemüse nie auf der gleichen Fläche anbauen, Mischkulturen mit Kräutern und Blumen.

Helfer aktivieren

Pflanzen können anderen Pflanzen vorbeugend und im Krankheitsfall helfen. Die Erfahrungen der Mischkultur lassen ganze Listen entstehen, wie sich Pflanzen gegenseitig stärken und unterstützen. Einige Beispiele: Knoblauch zwischen den Erdbeeren, Salaten oder Möhren verhindert Pilzkrankheiten. Pfefferminze zwischen die Obstbäumen gepflanzt, verbessert das Aroma der Früchte. Brennnesseln unter Apfelbäumen verbessern ebenfalls

Ringelblumen verbessern den Boden und halten als Beeteinfassung Nacktschnecken fern. Zudem sind sie hübsch anzusehen und säen sich immer wieder selbst aus.

das Aroma und die Früchte bleiben länger haltbar. Die Studentenblume (*Tagetes*) wirkt im Boden gegen die Nematoden, die gerne an den Wurzeln saugen. Und Insekten lassen sich oftmals schon durch den Geruch einer Pflanze abhalten. Ameisen mögen weder den Duft der Weinraute noch das starke Aroma von Lavendelöl. Und andere Insekten können Salbei absolut nicht riechen.

Im Fachhandel sind Nützlinge gegen verschiedene Krankheiten erhältlich. Einige sind als Pulver ins Gießwasser zu geben, zum Beispiel Nematoden gegen Dickmaulrüssler. Andere werden – vor allem in Gewächshäusern – direkt auf die Pflanzen gegeben, zum Beispiel Raubmilben gegen Spinnmilben und Thripse oder Schlupfwespen auf einem Kartonkärtchen gegen die weiße Fliege oder Gallmückenlarven gegen Blattläuse.

Einfache Maßnahmen

Da das Wetter eine starke Wirkung auch auf unsere Kulturpflanzen hat, gibt es Jahre, in denen Blattläuse verstärkt auftreten. Dann hilft ein starker Wasserstrahl gegen die Läuse. Gegen Pilzkrankheiten können bereits Schnittmaßnahmen hilfreich sein. Die Nacktschneckenplage werden Sie in regenreichen Jahren nur durch Absammeln eindämmen können. Zusätzlich sollten Sie Ihre Gemüsebeete mit *Calendula* oder Lavendel umpflanzen, um den Besuch der Schnecken zu verhindern. Auch Netz- und Vliesabdeckungen können sehr erfolgreich wirken, müssen aber vor dem Befall lückendicht ausgebracht werden, und der Boden muss vorher schneckenfrei sein, auch ohne Schneckeneiergelege.

Die Natur strebt immer dem Ausgleich zu

- Erst wenn ebenso viele Faktoren eine Pflanze fördern wie sie andererseits zerstören, ist ein Gleichgewicht von Nützlingen und Schädlingen erreicht. Dies ist das Populationsgleichgewicht.
- Um den Artenrückgang zu stoppen, ist es notwendig, sowohl das Alltagsverhalten kritisch zu betrachten als auch unseren Umgang mit *unerwünschten* Pflanzen und Tieren. Gefordert sind Verantwortung und Achtsamkeit dem Leben gegenüber.
- Welche Bedeutung und Funktion hat zum Beispiel ein Insekt im Ökosystem, bevor es erschlagen, zertreten oder mit Gift umgebracht wird? Merke: Jedes Individuum ist ein wichtiger Bestandteil des Lebens und hat eine spezielle Aufgabe.
- Die gedankenlose Zerstörung von Arten durch den Menschen führt zur Zerstörung seiner eigenen Lebensgrundlage.
- Unsere Zielsetzung muss sein, dass zum Erhalt der Artenvielfalt auch die sogenannten Schädlinge gehören. Sie sind ein elementarer Bestandteil der Schöpfung – und ohne sie gäbe es keine Nützlinge.

Ihr Nichts-tun-Garten

Wenn Sie Ihre Beobachtungen, Skizzen und Wünsche zu Papier gebracht und sich mit der Theorie auseinandergesetzt haben, beginnt der spannende Weg in die Praxis. Sie wissen um die Naturzusammenhänge und Wechselwirkungen zwischen den Pflanzen, dem Boden und seinen Lebewesen. Eine Blattlaus oder andere Ihnen noch unbekannte Insekten versetzen Sie nicht länger in Panik. Und vielleicht haben Sie auch schon Zeichnungen und Listen gemacht, was Sie wo anpflanzen wollen. Ideale Plätze für den Kompost, die Wildnisflächen mit Brennnesseln sind ebenso fest eingeplant wie ein eventuell später anzulegender Teich. Nun können die praktischen Arbeiten beginnen.

Garten der Zukunft

Ein Permakulturgarten bietet wirklich unschätzbare Vorteile – nicht nur für Pflanzen und Tiere, sondern auch für Sie als Gärtner. Ich verspreche Ihnen einen Nichts-tun-Garten ohne Umgraben, Gießen und Jäten – und dennoch einer guten Ernte. Sicher sind Sie neugierig, wie das funktionieren kann – und was Sie selbst dafür tun können?

Bodenbearbeitung – aber richtig

Auf Seminaren und Vorträgen höre ich immer wieder, dass selbst langjährige Gärtner und Gärtnerinnen alljährlich ihren Garten umgraben. Doch nicht für jeden Boden ist dies die richtige Vorbereitung. Der Boden wird durch das Umgraben allein nicht lockerer – im Gegenteil, der Boden kann dabei auch verschlämmen. Ebenso werden durch immer wiederkehrendes Umgraben die Lebensräume von Mikroorganismen und Bodenlebenwesen zerstört. Es gibt einige alternative Möglichkeiten, den Boden zu bearbeiten. Auch hier ist wieder das Beobachten wichtig, damit Sie herausfinden, welche Methode für Ihren Boden die richtige ist.

Der Mulch auf dem Beet schützt den offenen Boden zwischen den Zucchinipflanzen und verhindert Erosion und Austrocknung.

Der Boden ist sehr hart?

Am besten lockern Sie den Boden mit der Grabgabel. Alle 20 cm stechen Sie maximal tief in den Boden und bewegen die Grabgabel hin und her. Der Boden wird dadurch belüftet und kann das Wasser besser speichern. Würden Sie bei diesem Bodenzustand umgraben, zerstören Sie die wichtigen Bodenschichten.

Der Boden ist verkrautet und zugewachsen?

Bei einem harten und sehr verkrauteten Boden kann einmaliges Umgraben notwendig sein. Haben Sie aber mehr Zeit und wollen vielleicht im Sommer schon Ihren Boden für das nächste Jahr vorbereiten, bedecken Sie die Beetfläche mit einer dicken Mulchschicht von mindestens 20 cm. Es bedarf dabei aber mehrerer Monate, um eine bodenlockernde Wirkung zu erreichen. Dank der Zersetzungsprozesse innerhalb der Mulchschicht werden die Bodenlebewesen gefördert und aktiviert. Zudem speichert die Schicht Feuchtigkeit und unterdrückt die Wildpflanzen. Der Boden wird allein dadurch lockerer. Pflanzen Sie anschließend Tiefwurzler wie zum Beispiel Kartoffeln, oder säen Sie Gründüngung mit Leguminosen wie Erbsen oder Bohnen aus.

Hacken mit der Pendelhacke ist sinnvoll für die Bodenpflege und zugleich eine meditative Beschäftigung für den Gärtner.

Mulchen gegen Giersch Quecke und Giersch vermehren sich über Wurzelausläufer. Um ihren Ausbreitungsdrang zu unterbinden, legen Sie auf die Pflanzen mehrere Schichten dicken Karton oder schwarzes Vlies. Darauf geben Sie eine ca. 10–15 cm dicke Erdschicht, auf der Sie verschiedene Flachwurzler wie Spinat, Feldsalat, Salat oder Monatserdbeeren anpflanzen können. Der Karton ist ästhetisch abgedeckt – und durch die Abdeckung können Giersch und Co. keine Fotosynthese betreiben. Dadurch sterben auch die Wurzeln ab. Das mühselige Ausgraben können Sie sich mit dieser speziellen Mulch-Methode ersparen.

Mulchen ist keine Zauberei

Statt umzugraben sollten Sie besser alle offenen Beetflächen ganzjährig mulchen. Zum Mulchen eignen sich grundsätzlich alle Pflanzenabfälle. Und schon bei der Ernte können Sie Blätter und andere Reste gleich auf dem Beet liegen lassen. Positiv auf das Bodenleben wirken zum Beispiel Brennnessel-, Beinwell- und Rhabarberblätter, angetrocknetes Gras, Heu, Stroh oder Holzhäcksel.

Rindenmulch ist als Mulchmaterial für Beete und Pflanzen allerdings ungeeignet, denn er enthält sehr viele Gerbstoffe und unter Umständen Schwermetalle. Die in der Rinde enthaltenen Gerbstoffe unterbinden zwar das Auflaufen von Wildkräutern, der Boden wird aber sauer und es wird ihm der Stickstoff entzogen.

» Haben Sie nicht genügend Mulchmaterial, Grasschnitt, Laub oder Holzhäcksel? Fragen Sie doch Ihre Nachbarn. Die meisten sind froh, wenn sie es nicht zum Wertstoffhof fahren müssen.

Düngen nicht übertreiben

Weniger Düngen lautet die Devise in der Permakultur. Die meisten Gartenböden sind ohnehin stark überdüngt. Bei den Starkzehrern wie Tomaten, Zucchini oder Kohl reicht als Düngemaßnahme aus, wenn Sie im Frühjahr Kompost, Hornspäne und Gesteinsmehl einarbeiten. Mulchmaterial, Pflanzenreste und Laub können Sie auf den Beeten liegen lassen und im Frühjahr leicht in den Boden einarbeiten. Das Mulchmaterial hat bereits eine Düngewirkung. Achten Sie aber auf Wühlmäuse, die ihr Winterquartier gern einmal unter einer zu dicken Mulchschicht anlegen.

Gründüngung kann fast das ganze Jahr über ausgebracht werden. Falls Sie Gründüngung im Herbst ausgesät haben, wird diese im Frühjahr in die oberste Bodenschicht eingearbeitet. Im Frühjahr empfiehlt sie sich als optimale Vorkultur für Beete, die erst ab Mai mit frostempfindlichem Gemüse oder Blumen belegt werden.

Verwenden Sie auf keinen Fall Kunstdünger, das sind mineralische Dünger wie Blaukorn. Diese tragen weder zum Bodenaufbau noch zur Humussteigerung bei – im Gegenteil, sie sind für die Bodenlebewesen und Mikroorganismen schädlich. So darf in der biologischen Landwirtschaft kein Kunstdünger eingesetzt werden.

Vorsicht Stroh! Beziehen Sie Stroh nur von Biohöfen, da Getreide in der konventionellen Landwirtschaft mit Halmverkürzungsmitteln gespritzt wird. Diese Mittel bewirken zum Beispiel, dass Kletterpflanzen wie Hopfen nicht mehr ranken können. Auch durch langjährige Lagerung baut sich das Mittel nicht ab.

Linke Seite: Rhabarberblätter ergeben ein vorzügliches Mulchmaterial und Nacktschnecken mögen die Blätter wegen der Oxalsäure auch nicht.

Gartenhäcksler kann man überall ausleihen und so bestes Mulchmaterial aus den eigenen Gehölz- und Pflanzenresten herstellen.

» *Düngen Sie ausschließlich mit organischen Materialien wie Kompost, Mist, Hornmehl oder Hornspänen.*

Weniger bis gar nicht gießen

Seitdem ich meinen Garten nach Permakultur-Prinzipien angelegt habe, gieße ich kaum noch. Das ist eine Tatsache. Sicher bedingt durch die angelegten Hügelbeete, die Wasser so gut speichern, aber vor allem auch durch das ständige Mulchen. Gegossen werden in meinem Garten nur Pflanzen in Töpfen, Sämlinge, pikierte Pflanzen und bei sehr langer Trockenheit Apfelbäume und Himbeeren. Himbeeren sind Flachwurzler, sodass bei wochenlanger Trockenheit und hohen Temperaturen auch eine Mulchschicht nicht ausreicht, um die Verdunstung zu reduzieren. Und Äpfel benötigen ausreichend Wasser, um eine gesunde Frucht entwickeln zu können.

Gießen macht Pflanzen faul! Alle Pflanzen wollen leben, daher suchen sie von selbst mit ihren Wurzeln in tieferen Bodenschichten nach Wasser. Werden sie allerdings ständig gegossen, bilden sie keine tiefen Wurzeln aus. Verwöhnte Pflanzen warten auf ihre morgendliche Gießkanne und wollen sich nicht anstrengen für ein starkes Wurzelwachstum. Statt zu gießen ist hacken und mulchen die bessere Lösung.

Achtung saurer Boden

Kommt das Gießwasser dann auch noch aus dem Hahn, weil nicht genügend Regenwasser vorhanden ist, kann bei ständigem Gießen der Boden sauer werden. Das bedeutet, dass er versalzen kann. In Kalifornien mussten bereits riesige landwirtschaftliche Flächen aufgege-

ben werden, die über Jahrzehnte eine künstliche Bewässerung erfuhren. Also entwöhnen Sie besser Ihre Pflanzen – und stellen das Pflanzen-Verwöhn-Programm mit zu regelmäßigen Wassergaben ein.

Jäten muss nicht sein

Jäten ist für den Boden und die Pflanzengemeinschaft eher nachteilig. Denn dabei wird die Bodenharmonie gestört, da wir die Pflanzen vom Beet entfernen, und die Gefahr der Austrocknung besteht. Bedenken Sie: Jede Wildpflanze hat eine spezielle Aufgabe für Ihren Boden. Mein Rat: Nur bei starkem Auflaufen einer Art muss reguliert werden, damit Ihr Gemüse auch gedeiht. Wenn sich also allzu wüchsige Arten wie Zaunwinde oder Quecke ausbreiten, sollten Sie sie mit der ganzen Wurzel entfernen. Gejätete Wildpflanzen ergeben eine hervorragende Jauche, mit der Sie die Pflanzen stärken und düngen können.

Einzelne Wildpflanzen sind übrigens auch keine Konkurrenten für Nutzpflanzen – im Gegenteil, sie fördern deren Gesundheit und es besteht ein geringerer Schneckendruck. Vor der Aussaat sollen die Beete allerdings rein und ohne Wildpflanzenbestand sein. Bei den zarten Keimlingen bestünde Konkurrenzdruck mit den Wildpflanzen. Und auch hier gilt: Mulchen unterdrückt die Wildpflanzen.

Linke Seite: Das Gießen der Beete ist bei richtiger Bodenpflege nahezu überflüssig. Sie werden sehen, dass Sie auch ohne Wassergaben reichlich ernten.

Ob Grubber, Pendelhacke oder Sauzahn: Diese Geräte dienen der Bodenlockerung und – falls nötig – der Wildkräuterentfernung.

Richtig hacken Je nach Bodenart, Bodenzustand und Pflanzenart können unterschiedliche Hacken zum Einsatz kommen. Ich finde die Pendelhacke bestens für fast alle Arbeiten geeignet, da man mit ihr sowohl vorwärts wie rückwärts arbeiten kann; abgeschnittene Pflanzen bleiben als Mulch liegen. Mitunter arbeite ich auch mit dem Grubber. Grubber und Kultivator sind fast identisch. Sie bestehen aus einer Kralle mit drei oder fünf gebogenen und spitzen Zinken aus Metall an einem langen Holzstiel.

In jedem Fall dient das Hacken der Bodenlockerung. Der Boden wird besser belüftet und kann vermehrt Wasser aufnehmen. Wenn Sie während der Vegetationszeit hacken, bleibt der Boden feucht, denn beim Hacken werden die sogenannten Kapillare zerstört. Das sind kleine Röhren, durch die das gespeicherte Wasser verdunstet. Beim Hacken lasse ich die Wildkräuter als Mulch liegen. Nur in Beeten mit Flachwurzlern ist das Hacken nicht möglich, da Sie die Wurzeln verletzen könnten.

Verlorene Vielfalt

Das Saatgut unserer Kulturpflanzen wurde von Bauern der Welt in vielen Jahrtausenden gezüchtet. Und ebenso lange war es Tradition, einen Teil der Ernte als Saatgut zurückzubehalten und in der nächsten Saison wieder auszusäen.

Samenfeste Sorten vs. Hybridsorten

Die Welternährungsorganisation FAO schätzt, dass mittlerweile drei Viertel der gesamten Sortenvielfalt verloren gegangen ist. Gemüsesaatgut wie Blumenkohl, Broccoli, Chinakohl und Rettich wurden entweder von Firmen wie Monsanto patentiert oder werden nur noch als Hybridsorten der Konzerne verkauft. Der Anteil an Hybridsorten im Gemüsebereich beträgt mittlerweile fast 75 %. In Deutschland sind bereits ein großer Teil der gewerblich genutzten 2600 Pflanzensorten sogenannte Hybridzüchtungen.

Was sind Hybriden?

Hybriden sind Inzuchtlinien, wie sie in der Natur normalerweise nicht vorkommen. Die meisten Pflanzen sind selbststeril: Eine Pflanze, zum Beispiel ein Apfelbaum, kann mit dem eigenen Pollen nur andere Apfelbäume, aber nicht sich selbst befruchten. Inzuchtlinien können auf unterschiedliche Weise produziert werden. Um die Verbindung von Zellkernen zu erreichen, werden sie radioaktiv beschossen oder im Labor mittels chemischer Verfahren vereinigt. Hybridsaatgut ist meist nicht fortpflanzungsfähig oder spaltet sich wieder in die Ursprungslinie der Elternlinien auf. Weder Bauern noch Gärtner können Hybridsaatgut im nächsten Jahr wieder aussäen. Sie sind gezwungen, jedes Jahr neues Saatgut zu kaufen.

Was sind CMS-Hybriden?

CMS-Hybriden sind eine Form der Gentechnik, weshalb sie auch von biologischen Anbauverbänden abgelehnt werden. Betroffen sind vor allem Kohlgewächse, aber auch zum Beispiel Chicorée. CMS bedeutet *cytoplasmatische männliche Sterilität*. Mittels Protoplastenfusion entstehen in den Labors der Saatgutindustrie Hybridpflanzen aus künstlich erzeug-

Maisfelder fördern wie alle Monokulturen die Bodenerosion. Zudem laugt Mais die Böden durch seinen Nährstoffbedarf regelrecht aus.

ten Inzuchtlinien. Bei der Gentechnik sorgt ein sogenanntes Terminator-Gen für Sterilität und Unfruchtbarkeit des Samens. Eigentlich ist es Aufgabe jeder Pflanze, für Nachwuchs zu sorgen, also keimfähigen Samen zu produzieren. Die CMS-Methode unterbindet diesen Kreislauf der Natur und der sich selbst erhaltenden und genetisch erneuernden Pflanzen. Bei der CMS werden artfremde Zellen und Zellkerne miteinander verschmolzen. Man erhält dabei unfruchtbares Saatgut, weil die Pflanzen keinen befruchtungsfähigen Pollen haben.

Samenfeste Sorten

Biologisch arbeitende Gärtner und Bauern gehen davon aus, dass Hybriden weniger schmackhafte und gesunde Inhaltsstoffe enthalten und somit die Ernährungsqualität beeinflussen. Bei den sogenannten samenfesten Sorten handelt es sich um natürliche und vollständige Samen, die nicht manipuliert wurden. Hybriden hingegen lassen sich nicht nachbauen, ihre positiven Eigenschaften wie zum Beispiel eine Ertragserhöhung gilt nur für die Erstaussaat. Schon in der nächsten Generation geht der Ertrag deutlich zurück.

Für die Natur bedeutet das Folgendes: Das Nahrungsangebot wird für Bienen, Hummeln und Schmetterlinge immer kleiner, wenn Pflanzen den für sie lebensnotwendigen Pollen nicht mehr zur Verfügung stellen.

Alte Sorten sind zudem sehr gut an Boden und Klima angepasst. Hybridpflanzen sind dementsprechend nicht angepasst und haben erhöhte und besondere Ansprüche an Düngung, Boden oder Pflanzenschutz. Ihre mangelnde Anpassungsfähigkeit führt dazu, dass der Einsatz von Pestiziden, Fungiziden und Herbiziden an Hybridpflanzen bedingt durch den Klimawandel zusätzlich steigen wird.

Hybridsorten müssen gemäß Saatgutverkehrsgesetz gekennzeichnet sein. Sie erkennen sie an dem Zusatz F1 auf dem Saatguttütchen.

» Die Patentierung von Saatgut durch Agro-Großkonzerne und Gentechnikfirmen wie Syngenta, Bayer und anderen verursacht weltweit eine Abhängigkeit der Lebensmittelversorgung und des Zugangs zu Saatgut.

Zukunft säen

Eine seit Jahren zunehmende ökologische Bewegung setzt sich für den Erhalt von Saatgut, alten und autochthonen Sorten ein. Das sind unter anderem der Verein Arche Noah, VEN (Verein zur Erhaltung der Nutzpflanzenvielfalt e. V.), Demeter e. V. und transition town. Und vor allem die Aktiven in der Permakulturbewegung widmen sich dem Thema in Theorie und Praxis.

Alte Sorten erhalten

Das Bewusstsein für die Bedeutung alter Sorten ist enorm gestiegen und sichert so deren Erhalt.

Der Erhalt der Artenvielfalt kann nur mit samenfesten Sorten, die ihre umfangreiche genetische Basis erhalten und an die nächste Generation weitergeben können, gelingen. Selbst in den Genbanken wird kein Hybridsaatgut eingelagert, da sie nicht zum Erhalt der Artenvielfalt beitragen können.

Und vielleicht findet in Ihrer Nähe im Frühjahr auch ein Saatgutfestival statt, bei dem Sie Saatgut tauschen oder kaufen können? Im Privatbereich werden überwiegend alte Sorten weitergezüchtet. Achten Sie aber darauf, dass sortenreines, samenfestes und ungebeiztes Saatgut verwendet wurde. Dabei können Sie schmackhafte, Ihnen vorher unbekannte oder vergessene Sorten entdecken, die Sie so nicht im Supermarkt oder auf dem Markt einkaufen können.

Möhren bzw. Gelbe Rüben gibt es in großer Farben- und Formenvielfalt. Ob Sie alle ähnlich oder eher unterschiedlich schmecken?

Ganzheitlich denken

Das ist nicht immer einfach und fordert uns vieles ab. Es wird aber immer einfacher, je mehr wir uns in dieses Denken und Wissen einarbeiten. Es sollte deshalb für Gärtnerinnen und Gärtner, für alle Naturliebhaber und vor allem für Imkerinnen und Imker klar sein, dass sie beim Pflanzen- oder Samenkauf auf ökologisch einwandfreies Material zurückgreifen müssen. Selbst kleinste Mengen von Herbiziden, Fungiziden, Insektiziden usw. sind in der Pflanze, im Pollen und im Nektar vorhanden. Auch das immense und alljährlich anwachsende Sterben von Bienenvölkern muss im Zusammenhang mit Pflanzen betrachtet werden, die mit Pestiziden belastet sind.

Zur Philosophie von Permakultur gehört der Respekt vor jedem Leben, sei es Pflanze, Tier oder Mensch. Wenn man auch Pflanzen eine Würde zuspricht, ist der heute übliche massive Eingriff in die Fortpflanzungsfähigkeit ethisch höchst fragwürdig und daher abzulehnen. Und mit jedem Tütchen Hybridsamen hat man gewissermaßen eine Patentgebühr bezahlt, da in den Samen ein Vermehrungs- und Weiterzüchtungsvorgang nicht mehr möglich ist.

Unbekannte, alte und sehr schmackhafte Gemüsesorten wie Knollenziest lassen sich sehr leicht im Garten kultivieren und sorgen für Abwechslung auf dem Speiseplan.

Gebeiztes Saatgut? Häufig wird mir die Frage gestellt, ob das Beizen von Saatgut wirklich schlimm sein kann, da doch das einzelne Saatgutkörnchen so winzig ist.
Fakt ist aber, dass die systemischen Beizmittel in das Saatgut und später in den Keimling eindringen. Sie bleiben in der Pflanze erhalten. Gebeiztes Saatgut ist also nicht als harmlos zu verstehen.
Beizmittel mit Fungiziden sollen einen Gesamtschutz für die Pflanze bieten und Krankheitserreger abtöten. Einige der Substanzen werden nach der Aussaat im Boden aktiv und verteilen sich rund um das Korn. So bilden sie einen sogenannten Beizhof und schützen gegen im Boden befindliche Krankheitserreger. Fungizide mit lokaler Wirkung werden beispielsweise vermehrt bei Feinsämereien eingesetzt.
Einige Beizen verbinden auch zwei Wirkweisen und schaffen einen Beizhof und einen teilsystemischen Schutz.
Das Beizmittel findet sich im Boden wieder und soll gegen dortige Krankheitserreger wirksam sein.
Neben Fungiziden und Herbiziden können auch Insektizide als Beizmittel eingesetzt werden, um Pflanzen vor Insektenbefall zu schützen. Auch diese Mittel finden sich in der Pflanze wieder.

Ein Schlusswort

Sie haben sich entschlossen, Ihren Garten nach den Prinzipien der Permakultur zu gestalten? Damit öffnet sich Ihnen ein phantastisches Kaleidoskop an Themen. Der Garten wird zu einem großen Tor: Neues Wissen, Verstehen, Erkennen und sorgsames Handeln mit allen Tier- und Pflanzenarten werden Ihr neuer Weg sein.

Vielfalt leben

Die Vielfalt, die sich uns zeigt, wenn wir allein den Boden betrachten, ist doch wirklich grandios. Die Mikroorganismen, die Bodenlebewesen, Kleintiere, Käfer und natürlich unsere Regenwürmer – sie alle leisten einen Beitrag, um den Boden gesund und in Harmonie zu halten. Und jedes Thema, das in der Permakultur ausführlich dargestellt wird, zeigt uns, dass in der Natur alles ineinandergreift und Wechselwirkungen die Folge sind.

So bewirkt eine großartige Artenvielfalt ein vielfaches Auftreten von Insekten wie Wildbienen, Bienen, Schmetterlingen, Hummeln oder Libellen. Diese Flugkünstler bereiten uns vom ersten Sonnenstrahl im Frühjahr bis zum Herbst eine große Freude: ob Zitronenfalter, der seltene Schwalbenschwanz oder das Taubenschwänzchen. Allein das Beobachten, wie sie von Blüte zu Blüte schweben, ist ein Genuss. Artenvielfalt wirkt aber nicht nur oberirdisch, sondern unseren Augen und Sinnen entzogen, vor allem unterirdisch auf das gesamte Bodenleben.

Erfolge sehen

Wenn wir die Gesetze der Natur in unser Handeln einbeziehen und nicht gegen sie arbeiten, lassen sich Erfolge nicht vermeiden. Bodenpflege und Bodenaufbau sind der Schlüssel zum Ertrag. USpätestens, wenn feststellbar ist, dass Nacktschnecken nicht mehr zur Plage werden, weil Sie Ihren Garten ökologisch bewirtschaften, wird sich ein Glücksgefühl einstellen. Und vielleicht schaffen Sie es so-

Im Naturgarten fühlen sich bedrohte Arten wie Eidechsen oder Kröten wohl. Bieten Sie ihnen einen Rückzugsort.

gar, Nacktschnecken nicht mehr als Feind zu sehen. Bei allem Ungemach, das sie im Garten anrichten: Sie tragen tatsächlich erheblich zur Humusbildung bei und sind in der Nahrungskette von Tieren ein wichtiger Baustein. Dass Nacktschnecken viele Pflanzen, wie zum Beispiel Ringelblume, oxalsäurehaltige wie Spinat, Melde, Guter Heinrich, Mangold oder Erdbeerspinat meiden, machen wir uns zunutze und säen sie als Einfassung rund um unsere Gemüsebeete aus. Im Beet selbst sollten aber vorher alle Eigelege entfernt werden.

Genießen können

Ihre Nachbarn werden gerne die Wildblumenwiese bewundern, die statt dem öden Rasengrün entstanden ist. Hierfür reicht es schon, wenn Sie Randstreifen oder größere Inseln im Rasen mit Glockenblumen, Braunelle, Margeriten, Taubenkropfkraut oder Wiesensalbei blühen lassen. Ganz erstaunliche Erfahrungen werden Sie dort machen, wo Ihre Wildnisfläche entsteht. Das ist der Bereich, in dem Sie nicht gärtnern. Und plötzlich leben dort Eidechsen, oder eine Kröte macht es sich gemütlich. Lassen Sie sich überraschen.

Einfach zulassen

Egal, wie groß Ihr Garten ist: Mit der Permakulturmethode eröffnen sich neue Sichtweisen und Ihr Gärtchen kann zu einer Oase von bedrohten Tier- und Pflanzenarten werden. Notwendig hierfür ist ein Gespür und Einfühlen in Naturabläufe. Vergessen Sie nicht: Zu viel Ordnungssinn im Garten schadet und ist unnütze Arbeit. In der Natur wird auch nicht aufgeräumt – Natur recycelt und wiederverwertet alle biologischen Abfälle und baut sie zu Humus um. Der Permakulturgarten kann sich gut selbst erhalten. Notwendige Arbeiten sind das Säen, Pikieren und Ernten und von Zeit zu Zeit ein überlegter Rückschnitt von Gehölzen. Der Respekt vor allem Lebendigen und das Einsparen unnötiger Arbeiten werden Sie zum Genießer werden lassen.

Der Schwalbenschwanz, ein seltener Gast, bevorzugt Doldenblüten wie Dill oder Fenchel. Die Garten-Möhre ist ihm genauso lieb wie die Wilde Möhre.

» *Ein Permakulturgarten ist ein Garten der Erkenntnis von Naturzusammenhängen und auch von philosophischen Betrachtungen.*

Service

Bezugsquellen

Staudengärtnereien und Baumschulen

Staudengärtnerei Dieter Gaißmayer
Jungviehweide 3
89257 Illertissen
www.gaissmayer.de

Baumschule Gerhard Baumgartner
Hauptstraße 2
84378 Nöham
www.baumgartner-baumschulen.de

Ökologische Anbieter von Saatgut

Bioland Hof Jeebel Biogartenversand OHG
Jeebel 17
29410 Salzwedel
www.biogartenversand.de

Bingenheimer Saatgut AG
Kronstr. 24
61209 Echzell
www.bingenheimersaatgut.de

Dreschflegel GbR
In der Aue 31
37213 Witzenhausen
www.dreschflegel-saatgut.de

Verein zur Erhaltung der Nutzpflanzenvielfalt e. V.
Geschäftsstelle
V. i. S. d. P.: Susanne Gura
Walbufrger Str. 2
37213 Witzenhausen
www.nutzpflanzenvielfalt.de

Rieger-Hofmann GmbH
In den Wildblumen 7–13
74572 Blaufelden-Raboldshausen
www.rieger-hofmann.de
Samen und Samenmischungen ausschließlich heimischer Pflanzen aus gesicherten autochthonen Herkünften.

grünerTiger
Felix Lage
Fallerstr. 18
82433 Bad Kohlgrub
www.gruenertiger.de

Effektive Mikroorganismen

Christoph Fischer GmbH
EM-Chiemgau
Högeringer Straße 25
83071 Stephanskirchen
www.em-chiemgau.de

Kompostzusätze

Benediktinerinnenabtei zur Hl. Maria
Nonnengasse 16
36037 Fulda
www.abtei-fulda.de
Humofix Kräuterpulver zur Belebung des Bodenlebens, zur Aktivierung von Komposthaufen

Demeter-Hof
Eichwerder 1
23730 Schashagen
www.hopfeichwerder.de

Die Präparatekiste
Biodynamische Präparate
www.praeparatekiste.de

Organisationen, Vereine und Verbände

Verein Arche Noah
Gesellschaft zur Erhaltung der Kulturpflanzenvielfalt & ihre Entwicklung
www.arche-noah.at

Verein zur Erhaltung der Nutzpflanzenvielfalt e. V. (VEN)
www.nutzpflanzenvielfalt.de

Demeter e. V.
www.demeter.de

Transition Initiativen
www.transition-initiativen.org

Ökologisches Bildungszentrum
Englschalkinger Str. 166
81927 München
www.oebz.de

Verband Deutscher Landwirtschaftlicher Untersuchungs- und Forschungsanstalten (VDLUFA)
(Bodenanalysen)
www.vdlufa.de

Vandana Shiva
Organisation Navdanya (Neun Saaten)
www.navdanya.org

Zum Weiterlesen

Bell, Graham (2018)
Permakultur praktisch
Pala-Verlag, Darmstadt

Hecker, Ulrich (2016)
Bäume und Sträucher
BLV, München

Heistinger, Andrea und Arche Noah (2010)
Handbuch Bio-Gemüse.
Verlag Eugen Ulmer, Stuttgart

Heistinger, Andrea, Arche Noah und Pro Specie Rara (2008)
Handbuch Samengärtnerei
Löwenzahn Verlag, Innsbruck, Österreich

Kremer, Bruno P.
Steinbachs Naturführer: Bäume & Sträucher (2016)
Steinbachs Naturführer: Wildblumen (2010)
Verlag Eugen Ulmer, Stuttgart

Langerhorst, Margarete (2017)
Meine Mischkulturenpraxis
OLV Verlag, Kevelaer

Mau, Franz-Peter (2014)
EM – Fantastische Erfolge mit Effektiven Mikroorganismen
Goldmann, München

Mollison, Bill (2008)
Permakultur konkret
Pala-Verlag, Darmstadt
Das Buch erschien 1989 erstmals auf Deutsch.

Weinrich, Christa und Langheineken, Jutta (2016)
Schwester Christas Mischkultur.
Verlag Eugen Ulmer, Stuttgart

Der praktische Gartenratgeber
Monatszeitschrift des Obst- und Gartenbauverlags des Bayerischen Landesverbandes für Gartenbau und Landespflege e. V.
www.gartenratgeber.de
Regelmäßig Beiträge der Autorin zu den Themen Permakultur, Boden, Ordnung im Garten, Bienenpflanzen etc.

Register

Bildquellen

Alex Emanuel Koch/Shutterstock.com: Seite 6
Arina P. Habich/Shutterstock.com: Seite 86
botanikfoto/Steffen Hauser: Seite 49, 75, 77, 78, 83 o., 96, 101, 102, 107 re., 148, 159
Cecchini, Rachele Z.: Seite 60
Christopher Elwell/Shutterstock.com: Seite 138
clearviewstock/Shutterstock.com: Seite 140, 171 li.
Colourbox.de: Seite 130
Dirk Mann/www.flowermedia.com: Seite 35, 43
Dr. Morley Read/Shutterstock.com: Seite 175 re.
EcoPrint/Shutterstock.com: Seite 192
Familie Zimmer, www.pankrazhof.at: Seite 70, 72
Flora Press/Christine Anne Föll: Seite 10
Flora Press/Derrek St. Romaine: Seite 115
Flora Press/Edition Phönix: Seite 134
Flora Press/Gary Smith: Seite 74
Flora Press/GWI: Seite 40, 158
Flora Press/MAP: Seite 145
Flora Press/Meyer-Rebentisch: Seite 26
Flora Press/Redeleit&Junker/U.Niehoff: Seite 48
Flora Press/Stephan Rech: Seite 85
Flora Press/Ute Klaphake: Seite 146
fotomarekka/Shutterstock.com: Titelfoto
Gala_Kan/Shutterstock.com: Seite 16
Gastl, Markus: Seite 20
Glaser, Bruno: Seite 175 li.
Grisha Bruev/Shutterstock.com: Seite 106
High Mountain/Shutterstock.com: Seite 23
Hintau Aliaksei/Shutterstock.com: Seite 84
IanC66/Shutterstock.com: Seite 157
images72/Shutterstock.com: Seite 104
imago/Steinach: Seite 193
Ina Rschke/Shutterstock.com: Seite 29
Julia Kuznetsova/Shutterstock.com: Seite 93
Julija Sapic/Shutterstock.com: Seite 176
Karen Kaspar/Shutterstock.com: Seite 188
Langheineken, Jutta: Seite 100 re./li.
Manfred Ruckszio/Shutterstock.com: Seite 76
Mark Herreid/Shutterstock.com: Seite 110
Martin Fowler/Shutterstock.com: Seite 57
mauritius images: Seite 12, 22, 28, 31, 37, 38, 41, 63, 82, 83 u., 87 re., 87 li., 88, 89, 98, 103 o., 107 li., 108, 112/113, 114, 116, 117, 121, 123, 124, 125 re., 125 li., 150, 151, 152, 153, 154, 156, 161, 166, 167, 168, 171 re., 172, 178, 181 o./u., 184, 189, 190, 195, 196, 197
Maxal Tamor/Shutterstock.com: Seite 103 u.
Mi.Ti./Shutterstock.com: Seite 8
Möhrle, Bigi: Seite 2, 24, 27, 90, 99, 105, 128, 139, 155, 180, 186, 191, 194
Monkey Focus/Shutterstock.com: Seite 133
Moravska/Shutterstock.com: Seite 183
Mostovyi Sergii Igorevich/Shutterstock.com: Seite 149
Naturfoto Hecker/Frank Hecker: Seite 54
NicO_l/Shutterstock.com: Seite 170
Okapia/imageBROKER/Adelheid Nothegger: Seite 147
Okapia/imageBROKER/Horst Sollinger: Seite 30
Pavel Vakhrushev/Shutterstock.com: Seite 92
Piotr Krzeslak/Shutterstock.com: Seite 14
Roger Hall/Shutterstock.com: Seite 109
Roland Günter/OKAPIA: Seite 15
Schwarzer, Elke: Seite 118, 120, 122
Sponner/Shutterstock.com: Seite 71
Strauss, Friedrich: Seite 179
Toa55/Shutterstock.com: Seite 34
tumsasedgars/Shutterstock.com: Seite 187
ultimathule/Shuttertock.com: Seite 55
Viatchaslau JOUKAU/Shutterstock.com: Schmuckzeichnung Löwenzahn
Zoonar/karin59: Seite 91

Alle Zeichnungen fertigte Bernd Liessmann, Architekt, nach Vorgaben der Autorin.

Die in diesem Buch enthaltenen Empfehlungen und Angaben sind von der Autorin mit größter Sorgfalt zusammengestellt und geprüft worden. Eine Garantie für die Richtigkeit der Angaben kann aber nicht gegeben werden. Autorin und Verlag übernehmen keine Haftung für Schäden und Unfälle. Bitte setzen Sie bei der Anwendung der in diesem Buch enthaltenen Empfehlungen Ihr persönliches Urteilsvermögen ein. Der Verlag Eugen Ulmer ist nicht verantwortlich für die Inhalte der im Buch genannten Websites.

Bibliografische Information der Deutschen Nationalbibliothek
Die Deutsche Nationalbibliothek verzeichnet diese Publikation in der Deutschen Nationalbibliografie; detaillierte bibliografische Daten sind im Internet über http://dnb.d-nb.de abrufbar.

Wollgrasweg 41, 70599 Stuttgart (Hohenheim)
E-Mail: info@ulmer.de
Internet: www.ulmer-verlag.de
Konzeption, Projektmanagement und Lektorat:
SeitenWerk, Ute Rather, Hamburg
Herstellung: Thomas Eisele, Birgit Heyny
Umschlagentwurf: red.sign, Anette Vogt, Stuttgart
Satz: r&p digitale medien, Echterdingen
Reproduktionen: timeRay Visualisierungen, Herrenberg
Druck und Bindung: Pustet, Regensburg
Printed in Germany

ISBN 978-3-8186-0839-2

Hier können Sie weiterlesen

Empfohlen von

Permakultur und Naturgarten.
Nachhaltig gärtnern mit dem Drei-Zonen-Modell.
Markus Gastl. 2018. 168 Seiten, 120 Farbfotos, Flexcover.
ISBN 978-3-8186-0515-5.

Permakultur und Naturgarten sind große Gartenbewegungen unserer Zeit. Nun gibt es ein Konzept, das beide vereint: „Hortus“, basierend auf dem „Drei-Zonen-Modell“. Durch die Gliederung des Gartens in drei Zonen, die ideal zusammenwirken, gelingt ein geschlossener Kreislauf, der Ihren Arbeitsaufwand minimiert und Ressourcen schont. Durch Superbeete, Naturmodule, Mulchwurst und Komposttoilette entsteht ein echter „Hortus“, ein Lebensraum für Mensch und Tier. In diesem Buch lernen Sie direkt vom Experten: Markus Gastl zeigt Ihnen, worauf es beim „hortanen“ Gärtnern ankommt und wie Sie die Welt damit ein Stückchen besser machen.

Schmetterlingen Heimat bieten

Mein Schmetterlingsgarten.
Schöne Pflanzen für Falter und Raupe.
Elke Schwarzer. 2019. 128 Seiten,
111 Farbfotos, Klappenbroschur.
ISBN 978-3-8186-0378-6.

Unsere Gärten werden für Schmetterlinge als Zufluchtsort und Nektartankstelle immer wichtiger. Aber was können wir konkret tun, damit sich die flatterhaften Gartenbesucher wohlfühlen? Integrieren Sie Schmetterlingspflanzen in Ihre Gartengestaltung, um die feine Fluggesellschaft anzulocken, und erfreuen Sie sich am Anblick der verschiedenen Falter-Arten. Auch im Kleinen kann man Raupen und Schmetterlingen das Leben erleichtern und sich an Farbenpracht und Flugmanövern erfreuen. Die vorgestellten Nektar- und Raupenfutterpflanzen sind hübsch und passen auch in kleine Gärten oder auf den Balkon.

Artenvielfalt im eigenen Garten

Heimische Pflanzen für den Garten.
100 Blumen, Sträucher und Bäume für Biene & Co. Elke Schwarzer.
2., aktualisierte Auflage 2019.
128 Seiten, 130 Farbfotos, Klappenbroschur.
ISBN 978-3-8186-0712-8.

Ihr kleiner Garten soll angelegt oder in einen Naturgarten umgewandelt werden? Dann finden Sie in diesem Buch die passende Pflanzenauswahl. Heimische Pflanzen, die den kleinen Hausgarten mit ihren Blüten, Blättern und Rinden schmücken und außerdem nützlich für die heimische Tier- und Pflanzenwelt sind. Die rund 100 beschriebenen Stauden, Sträucher und kleinen Bäume wuchern nicht, sondern bleiben kompakt und machen den Garten zum Naturgarten. Zusätzlich gibt es kleine Gartenprojekte zum Selbermachen, die Ihren Garten zur Wellnessoase für Tiere und Menschen werden lassen.